BEYERLIN

BLEILOT, BRECHEISEN ODER WAS SONST?

T0161605

ORBIS BIBLICUS ET ORIENTALIS

Im Auftrag des Biblischen Instituts der Universität
Freiburg Schweiz
des Seminars für biblische Zeitgeschichte
der Universität Münster i. W.
und der Schweizerischen Gesellschaft
für orientalische Altertumswissenschaft
herausgegeben von
Othmar Keel
unter Mitarbeit von Erich Zenger und Albert de Pury

Zum Autor:

Jahrgang 1929, o. Professor für Altes Testament von 1963 bis 1973 in Kiel, seither
an der Universität zu Münster. Studierte in Tübingen, Göttingen, Basel und Edin-
burgh. War zunächst im kirchlichen Dienst. Wurde 1956 in Tübingen promoviert
auf Grund einer traditionsgeschichtlichen Untersuchung der Prophetie des Micha
(FRLANT 72, 1959). Habilitierte sich 1960, gleichfalls in Tübingen, mit der
Abhandlung «Herkunft und Geschichte der ältesten Sinaitraditionen» (1961).
Neben Arbeiten zu Geschichtserzählungen veröffentlichte er Psalmenstudien: zu
den Feindpsalmen (FRLANT 99, 1970), zum 126. Psalm (SBS 89, 1978), zum 107.
Psalm (BWANT 111, 1980), zum 131. Psalm (SBS 108, 1982), zum 15. Psalm
(BThSt 9, 1985) sowie zum 125. Psalm (OBO 68, 1985). Auch ist er Herausgeber
der «Grundrisse zum Alten Testament», im besonderen eines religionsgeschichtli-
chen Textbuchs (ATD. E 1, 1975, 2.A. 1985).

ORBIS BIBLICUS ET ORIENTALIS 81

WALTER BEYERLIN

BLEILOT, BRECHEISEN ODER WAS SONST?

REVISION EINER AMOS-VISION

UNIVERSITÄTSVERLAG FREIBURG SCHWEIZ
VANDENHOECK & RUPRECHT GÖTTINGEN
1988

CIP-Titelaufnahme der Deutschen Bibliothek

Beyerlin, Walter:

Bleilot, Brecheisen oder was sonst?: Revision e. Amos-Vision/Walter Beyerlin. – Freiburg, Schweiz: Univ.-Verl.; Göttingen: Vandenhoeck u. Ruprecht, 1988.

   (Orbis biblicus et orientalis; 81)
   ISBN 3-7278-0579-X (Univ.-Verl.) brosch.
   ISBN 3-525-53710-7 (Vandenhoeck & Ruprecht) brosch.
NE: GT

Veröffentlicht mit Unterstützung des Hochschulrates
der Universität Freiburg Schweiz

Die Druckvorlagen
wurden vom Herausgeber als reprofertige
Dokumente zur Verfügung gestellt.

ISBN 3-7278-0579-X (Universitätsverlag)
ISBN 3-525-53710-7 (Vandenhoeck & Ruprecht)

Adam S. van der Woude

in freundschaftlicher Verbundenheit

Vorwort

Der Vf. bekennt, daß er selbst, trotz nagender Zweifel,
noch in seinem Kolleg über "Kleine Propheten" im Sommer-
semester 1987 im Banne jener Meinung gelehrt hat, die er
nun, entzaubert, als "opinio plurium" dartut, um sie,
überfälligerweise, aus dem Felde zu schlagen und durch
ein adäquateres Verständnis des gewiß nicht unwichtigen
Texts zu ersetzen. Er ist gespannt, ob ihm das gelingt
und die herrschende Meinung, auf die selbst in Wörter-
büchern und Nachschlagewerken Rücksicht genommen ist,
ihre Macht, auch auf Bibelübersetzungen, zu verlieren
beginnt.

Der Vf. dankt ein weiteres Mal den beiden Herausgebern
der Reihe Orbis biblicus et orientalis, den verehrten
Kollegen Othmar Keel und Erich Zenger, für die so be-
reitwillige Aufnahme der Arbeit und zügige Publikation.
Der letztgenannte, Fachkollege vor Ort, hat zudem mit
kundigen Stellungnahmen erfreut. - Dank auch den beiden
Verlagen!

Anerkennung verdienen Bert Alm für die engagierte Er-
stellung der Reinschrift, Martin Mustroph und Sabine
Haupt für Dienstleistungen zum guten Schluß. Die Ehe-
frau hat bibliographiert und bei der Korrektur gehol-
fen. Allen Genannten herzlichen Dank!

Gewidmet ist diese Studie dem Fachkollegen in Groningen,
der sich um die Erklärung der Kleinen Propheten verdient
gemacht hat.

Münster, am Jahreswechsel 1987/88   Walter Beyerlin

Inhalt

Hinführung

Wem's genügt, den Endeffekt aufzufassen, auf den die Erzählung
von der dritten Vision des Amos - Kapitel 7,7-8 - abzielt, wird
keine Probleme haben. Denn der Schlußsatz der Deutung, die auditionär auf die Schau hin folgt, sagt deutlich genug, worauf die
Erzählung hinausläuft: Jahwe, der Herr, der eben noch, bei der
ersten und zweiten Vision, durch die Fürbitte des Amos bewegt
worden ist, Unheil, wie gezeigt und geschaut und gehört, nicht
Wirklichkeit werden zu lassen, ist jetzt und fortan entschlossen, sein Volk nicht länger zu schonen. "Nicht noch einmal" -
so Jahwe ausdrücklich - "gehe ich (gnädig verschonend) an ihm
vorbei!" Gericht ist angebrochen, Strafgericht am Jahwevolk.
Eine neue Art Prophetie hebt an, die der Gerichtspropheten.

Indes - wer mehr zu verstehen begehrt, vor allem auch das,
w a s da im einzelnen und im ganzen, beim Umbruch zur anders-
gearteten Prophetie, in der dritten Vision geschaut und in der
Audition, die dazugehört, vernommen worden ist, der tut sich
erstaunlich schwer. Erstaunlich, weil - generationenlang - viel
Geist versprüht worden ist, um die Dinge klarzubekommen. Gleichwohl ist einzugestehen: Nur wer sich begnügt, fein sacht an der
Oberfläche zu bleiben, kommt mit der Illusion davon, da habe
sich ja, bei der exegetischen Bemühung um die Textdetails, ein
ziemlicher Konsens ergeben, mit dem sich wohl leben lasse. Jedoch, wer tiefer schürft, unter die Oberfläche, stößt auf er-
hebliche Schwierigkeiten und kann dann auch kaum umhin, noch
einmal neu und von Grund auf nachzuforschen.

Die vorliegende Studie versucht dies wie folgt: Sie will I. die
Meinung, die die Szene beherrscht, die opinio plurium, dartun.
Referierend - und gleichzeitig so, daß auch Schwächen spürbar
zu werden beginnen und Probleme erfaßt werden können. Sie will
II. die Bedeutung des Leitworts אנך, von dem das Verständnis am
meisten abhängt, rein philologisch bestimmen. Und sie will III.
die ermittelte Bedeutung auf den gegebenen Text anwenden und
exegetisch verifizieren sowie IV. im Kontext bewähren.

12

I

opinio plurium

- Problemerfassung

Opinio plurium est: Der Allherr steht - wenn nicht vor, dann -
auf einer Mauer. Irgendeiner Mauer. Nicht bewußt ist - oder
wenigstens nirgends zum Ausdruck gebracht, woran das zugrunde
liegende hebräische Wort, חֹומָה nämlich, denken lassen könnte:
an eine schützende Umfassungsmauer, an einen Festungswall, unter
Umständen an eine Stadtmauer[1]. Auch spielt allermeist keine Rolle, daß der Masoretische Text das Bauwerk näherbestimmt: durch
das in Status-constructus-Verbindung beigefügte Wort אֲנָךְ . Wer
das Wort nicht kurzerhand streicht und unter den Tisch fallen
läßt[2], entnimmt ihm, wenn's hochkommt, nur, es handle sich um
eine mit dem Bleilot hochgezogene Mauer. Wer nichts dabei findet,
das Wort zu tilgen - als dittographice eingedrungen oder aus
einem anderen Grund -, der hat, woran der opinio plurium liegt:
die nicht näher qualifizierte Mauer. Und wer auf Buchstaben-
verwechslung erkennt und das simple אֶבֶן "Stein" dem schwieri-
geren אֲנָךְ vorzieht, der hat ebenfalls neutrales Gemäuer; nur
eben ein solches aus Stein. Kurzum: kennzeichnend für die herrschende Sicht der Dinge ist die Tendenz, mit der Mauer an sich
noch keine Pointe zu verbinden. Was es auf sich hat mit ihr, was
sie nennenswert macht, das soll sich erst im Folgenden heraus-
stellen. Allerdings, um dies gleich noch zu sagen, eher still-
schweigend als verbatim.

Die opinio plurium sieht die Pointe anderwärts: In der Aussage
nämlich, daß Gott אֲנָךְ in der Hand hat. Dieses Wort, das mehr als
einmal im Bericht von der Vision vorkommt, wird - in der Text-
auffassung der Mehrheit - in Verbindung mit der Mauer, so oder
so, neutralisiert, dafür aber hier, in des Allherrn Hand, nach
der Wendung וּבְיָדֹו , für wichtig und richtig gehalten. Zugleich

---

1 Vgl. W.Th. IN DER SMITTEN, ThWAT II, 1977, 806ff.

2 Sogar die Grundtextausgabe BHS empfiehlt, einfach חֹומָה zu
   lesen!

kommt eine semantische Meinung als mitbestimmend ins Spiel. Die
nämlich, daß אֲנָךְ hier Blei bedeute. Im Grunde zunächst nur Blei.
Im vorliegenden Kontext freilich apparativ angewandtes Blei, auf-
gehängt an einer Schnur und Teil eines Nivelliergeräts. Nach der
vorherrschenden Sicht der Dinge wird in Gottes Hand ein Bleilot
erblickt, ein Senkblei angenommen. Wobei als unproblematisch
gilt, daß das ja nicht bloß aus Blei, sondern aus mehreren Kom-
ponenten bestehende, nicht so ganz simple Gerät[3] einfach und
breviloquent, man könnte auch sagen "elliptisch", als Blei bezeichnet worden sein soll. Jedenfalls, die Meinung geht dahin,
אֲנָךְ lasse in der Bedeutung Bleilot/Senkblei an eine bauaufsicht-
liche Handlung denken. Der Allherr auf (oder an) besagter Mauer
prüft, ob sie auch lotgerecht sei - in der Horizontalen oder
Vertikalen; an dieser Frage haftet kaum Interesse. Zwar steht im
hebräischen Text nicht annähernd ein Äquivalent für "prüfen".
Indessen, was tut's? Nachdem nun einmal der Exegeten-Express in
Richtung "prüfen" abgefahren ist, können ein fehlendes Wort und
die dürftige Ausdrücklichkeit keinen Mitfahrenden mehr irritie-
ren. Was nicht dasteht, läßt sich ja wohl in der Übersetzung zur
"Verdeutlichung" einfügen! Legt die "Einheitsübersetzung" Gott
die Kategorie des Prüfens in den Mund, so bringt sie nur, kecker
als andre, auf den Punkt, was die vielen der Mehrheitsmeinung im
Sinn haben: Im Geschauten der dritten Vision zeichnet sich Prüfung ab.

Seltsam ist, daß ebenso wie das Verbum "prüfen" auch Eröffnungen
fehlen, was die vermeintlichen Prüfungen ergeben. Weder mit Bezug auf die Mauer noch bezüglich des Volkes Israel ergehen Ver-
dikte wie "schief", "unhaltbar", "des Abbruchs würdig", "nieder-
zureißen". Wenn schon Prüfung, warum dann nicht auch die Pointen
entsprechender Prüfungsresultate? Indes, auch das Fehlen derselben verunsichert die herrschende Meinung nicht. Das könnte ja
auf das Konto der Knappheit der Redeweise gehen, in welcher sich
Amos ausdrückt. Und schließlich: reicht denn das nicht, wenn am

---

3 Siehe die Abbildung im Zusammenhang des von R. KNIERIM ver-
faßten Artikels über "Baukunst", in: BHH I, 1962, 206.

Ende der Audition der Allherr spricht "Nicht noch einmal gehe
ich an ihm (meinem Volke) vorbei"? Setzt dies nicht Prüfungsresultate voraus, zum einen bei Gottes Volk, zum andern - Rückschluß in zweiter Instanz! - in der Dimension des Geschauten,
bei der Mauer? Nicht im mindesten ist die opinio plurium von der
Frage angekränkelt, ob ihr Verfahren, zurückzuschließen, wirklich
auch zwingend sei. Es muß es ganz einfach sein. Hat man sich doch
bei אֲנָךְ , weniger beim erstgenannten, um so mehr aber beim zweit-
erwähnten, auf die Bedeutung "Bleilot" festgelegt. Da ist die
Quelle des Prüfungsgedankens, der durchgehalten sein will, not-
falls auch zwischen den Zeilen!

Klar ist bei soviel Entschiedenheit, daß abermals nur vom Bleilot
die Rede sein kann, wenn Gott laut Audition sagt: "Siehe, ich bin
dabei, אֲנָךְ mitten hinein in mein Volk Israel zu bringen". Wenn
sich's um die Anlegung der Sonde handelt, warum dann "mitten hinein", בְּקֶרֶב , und nicht irgendwie einfacher "am" Volk? Aber, warum
sollte auch schon die ganze Bleilotdeutung wegen eines Details in
der Formulierung scheitern? Dann hing eben besagtes Lot "inmitten"
des Volks! Warum denn auch nicht?

Ist nach allem nicht unverkennbar, daß die herrschende Sicht der
Dinge - so wie das Blei des Bleilots - an einem Faden hängt? An
dem eigentlich recht dünnen Faden der philologisch-semantischen
Festlegung bei אֲנָךְ , dem im Text immer wieder, im ganzen viermal,
vorkommenden Wort. Die Idee, es gehe hauptsächlich um Prüfung,
sowohl bei der Mauer als auch beim Volk, kann sich im Grundtext,
von אֲנָךְ abgesehen, ansonsten auf gar nichts stützen. So delikat
diese Sachlage ist, - die opinio plurium steht! So fest, als sei
sie mit Tauen vertäut. Hat, wer an ihr rüttelt, überhaupt Chancen,
etwas bewegen zu können?

Wer Hand anlegt an die gewohnte, traditionelle Deutung - fast
möchte man sagen, an die "heilige Kuh" -, hat auch die Beweislast
zu tragen. Sagt einer, אֲנָךְ sei nicht Blei, sondern extrahartes
Eisen, das Ding in Gottes Hand entsprechend eine Waffe[4], so kriegt

---

4 So, auf LXX gestützt, A. CONDAMIN, Le prétendu "fil à plomb"

er nur kurz zu hören, das könne er nicht "beweisen"[5]. Als ob
die Bleilot-Deuter ihrerseits je in der Lage gewesen wären, ihren
Ansatz - im eigentlichen Sinne des Worts - zu "beweisen"! - Hält
es einer für besser, statt an Blei und Bleilot an Zinn zu denken
(oder an das Mineral, aus welchem es gewonnen wird)[6], so kommt er
gegen die herrschende Meinung, festgefügt wie sie ist, nicht an[7].
Was er dartut, wird, so argumentativ es auch ist, abgetan oder
übergangen[8], dem Vergessen anheimgegeben[9]. - Beispiele für die
Macht, die Dominanz, der opinio plurium!

Es ist, wie an einem weiteren Exempel zu sehen, nicht einmal
leicht, sich, angeregt von besserer Einsicht, ihrem Einfluß ganz
zu entziehen: Da sieht ein Kommentator[10] ein, daß ein Nivelliergerät wie das Bleilot nicht eigentlich ein Instrument des Abbruchs
ist, sondern eins, das zum akkuraten Mauern verhilft. Kann ja
wohl einmal sein, daß es Anlaß gibt, Steine wieder hochzunehmen,
um sie lotgerechter zu setzen. Insgesamt aber und tendenziell
dient es dem Aufbau, nicht dem Abriß. Ergo kann es sich schwer-
lich eignen, Abriß zu symbolisieren - oder auch Prüfung mit diesem Effekt. - Feststeht indes, daß die Erzählung von der dritten

---

de la vision d'Amos, RB 9, 1900, 586-594, insbesondere 591ff.

5 So, ziemlich prompt, W. NOWACK, Die kleinen Propheten, HK
   III 4, [2]1903, 162.

6 G. BRUNET, La vision de l'étain, VT 16, 1966, 387-395.

7 Bezeichnend H.W. WOLFF, Dodekapropheton 2, BK XIV/2, [2]1975,
   346f.

8 Man vgl. etwa J.L. MAYS, Amos, OTL, 1969, 131f.

9 Wogegen W.L. HOLLADAY angeht: im Rahmen der "short notes"
   in VT 20, 1970, 492-494.

10 W. RUDOLPH, Joel - Amos - Obadaja - Jona, KAT XIII/2, 1971,
   234f.

Vision auf Jahwes Entschluß hinausläuft, von nun an ohne Nach-
sicht zu richten und strafend niederzuwerfen. Ist dem so, dann
kann aber im Zentrum der Schau kein Prüfgerät für den Aufbau
stehen; und אֲנָךְ kann infolgedessen nicht das Bleilot meinen.
Das Wort kann, nach dem Zielpunkt des Kontexts, nur ein Destrukti-
onsinstrument bezeichnen. - So weit, so gut! Der Gedankengang leuchtet ein. Nur ist dann im weiteren zu fragen, warum besagter Kommentator sich als Werkzeug der Destruktion das Brecheisen ein-
fallen läßt; Brecheisen, Brechstange oder Ramme als Bedeutung
des Wortes אֲנָךְ. Deshalb natürlich, weil er nach wie vor denkt,
es gehe um die Mauer, um deren Destruktion. Indessen, worauf kann
er sich dabei im Grundtext stützen, einmal abgesehen von dem in
seiner Bedeutung ja erst zu klärenden Wort אֲנָךְ? Auf nichts! Auf
nichts, was im Text explizit wäre! Kein Wort und kein Hinweis
ansonsten, die Mauer sei abzureißen. Wer dennoch an dieser Vorstellung festhält, der ist, auch wenn er sich's nicht bewußt
wird, noch immer im Banne des Gedankens einer Prüfung mit dem
Bleilot. - Man sieht hier, wie schwer es ist, aus den eingefah-
renen Geleisen der Bleilotdeutung herauszukommen.

Sie, diese Deutung, hat auch - und das sei in Teil I als letztes
angemerkt[11] - höchste Weihen erfahren: Sie ist in fast allen Bibelübersetzungen, die wir heute haben[12], vorbehaltlos rezipiert[12a];
man könnte fast sagen, autorisiert. Wer nicht auf den Grundtext
zurückgreifen und in ihm Einblick nehmen kann (oder mag), muß
wähnen, bei einer so einmütigen Wiedergabe in allen möglichen
Ausgaben sei die Sache mit der Bleilotprüfung über jeden Zweifel
erhaben. So wird, was bei den Fachleuten opinio plurium ist, auf
der Ebene der Bibelübersetzungen sogar zur opinio communis! -

---

11 Über alles und jedes, was zur Erklärung unseres Visionstexts
    im Laufe der Zeit konzipiert worden ist, kann in dieser räum-
    lich begrenzten Studie ohnehin nicht referiert werden.

12 Vergleichenswert, wenn auch nicht mehr auf dem neuesten Stand,
    G. BRUNET, La vision de l'étain, VT 16, 1966, 388; dort ins-
    besondere Anm. 4.

12a Die Neue Jerusalemer Bibel bildet mit ihrer Anm. zu Am 7,7
    eine anerkennenswerte Ausnahme.

Versuche, diese aus den Angeln zu heben und durch ein besseres
Verständnis zu ersetzen, hat es immer wieder gegeben. Bis dato
ohne Erfolg. Dies könnte daran liegen, daß es noch immer nicht
gelungen ist, von einer anderen Deutung von אָנַךְ aus ein Verständnis zu entwickeln, das allen, wirklich allen Elementen unseres Texts in gleicher Weise gerecht wird; auch und gewiß nicht
zuletzt der Mauer, die zu Beginn der Vision ins Bild kommt und
ihrerseits auch durch אֲנָךְ bestimmt ist. - Der Versuch, der hier
unternommen wird, hat auf diesen Gesichtspunkt zu achten.

18

II

ad vocem אֲנָךְ

- Bedeutungsbestimmung

Es läßt sich kaum anders einsetzen als mit der Bemühung um אֲנָךְ.
Dieses Wort kann als Schlüsselwort gelten. Es findet sich viermal, mitnichten bloß dreimal im Text. Denn es ist auch in der
Verbindung mit חוֹמָה, der Mauer, ursprünglich. Es bestimmt diese
von Anfang an näher. Wer nicht nach Belieben ändert, sondern
textkritisch-methodisch verfährt, der kann nicht übergehen, daß
auch die Versionen, wie immer sie im einzelnen übersetzen, die
Status-constructus-Verbindung חוֹמַת אֲנָךְ voraussetzen. Denn sie
qualifizieren die Mauer so oder so[13]. Auch ist, was im Grundtext
steht, als lectio difficilior zu bewahren[14]: Gemeint ist ursprünglich eine durch אֲנָךְ qualifizierte Mauer. So verlautet
dieses Wort in schneller Folge viermal: der Allherr auf einer
Mauer aus אֲנָךְ[15] - in seiner Hand אֲנָךְ - "Was siehst du, Amos?"
Antwort: אֲנָךְ - und schließlich, aus des Allherrn Mund: "ich bin
dabei, אֲנָךְ mitten in mein Volk ... zu bringen". Zentral für
Vision und Audition ist אֲנָךְ! Was die semantischen Bemühungen
betrifft, die folgen, ist klar, daß die anzunehmende Bedeutung
so sein muß, daß sie an allen vier Stellen taugt.

---

13 LXX: ἐπὶ τείχους ἀδαμαντίνου "auf einer nicht zu brechen-
den, unbezwinglich harten (stählernen) Mauer". Aquila, gemäß
dem im Folgenden verwendeten γάνωσις und wohl in Gedanken
an eine Art Glasur: "auf einer schimmernden/glänzenden Mauer". Hieronymus in der Vulgata: super murum litum "auf einer
bestrichenen/glasierten Mauer". Peschitta im Sinne der LXX.
Targum interpretiert, aber bezeichnenderweise so, daß mit
der Mauer eine Näherbestimmung einhergeht.

14 Ein weiteres Argument der Inneren Textkritik unten: im Zusammenhang der Würdigung der Eigenart visionärer Sprache!

15 Zur Wiedergabe mit "aus" im Vorgriff B. LANDSBERGER in:
JNES 24, 1965, 287.

Dies kann und darf indessen nicht heißen, es sei geraten, bei
der philologisch-semantischen Aufgabe vor allem und stets auf
den Amos-Kontext zu schielen. Vorrang muß absolut haben, die Er-
gebnisse der Sprachwissenschaft - ohne Rücksicht auf das, was
opportun sein könnte - aufzugreifen und einzubringen. Die Exegese
des Amos-Texts tritt erst danach in ihr Recht. So sehr an ihr
liegt, so hat sie doch wohlunterschieden und nachgeordnet von
der Richtig- und Tauglichkeit der semantischen Annahme zu überzeugen. Wobei noch ein wichtiger Gesichtspunkt ist, daß die
Plausibilität derselben nicht gleich und nicht ohne weiteres auf
der Hand liegen muß. Es braucht nicht irrezumachen, wenn sie sich,
in der einen oder anderen Hinsicht, erst auf den zweiten Blick
herausstellt, möglicherweise erst in weniger vertrauten Horizon-
ten.

Nachdem dies - vorsorglicherweise - klargestellt ist, ist die
Bedeutung von אֲנָךְ zu bestimmen. Zwar kommt die Vokabel, wie gezeigt, im Text der Vision wiederholt vor. Aber viel nützt dies
nicht. Denn hinderlich ist, daß אֲנָךְ ansonsten im Alten Testament
nicht noch ein einziges Mal bezeugt wird, m.a.W. hapaxlegomenon
ist. So bleibt, wer seine Bedeutung erkundet, so gut wie ganz
auf Semitistik angewiesen. Vor allem auf den Befund im akkadischen Schrifttum. Dort entspricht dem hebräischen אֲנָךְ das Wort
anaku (hier und dort auch AN.NA geschrieben). Zustatten kommt,
daß die Vokabel oft genug belegt ist. Auch in Kontexten, die
einigermaßen auf den Sinn schließen lassen. Es ist zugleich er-
nüchternd und faszinierend, die Geschichte - die Abenteuer! -
der Erforschung von anaku an Hand der Darlegungen des Semitisten
Benno LANDSBERGER[16] nachzuvollziehen. Das Ergebnis ist, daß anaku
nicht Blei gemeint haben kann, wie zunächst unterstellt, sondern
immer ausschließlich - Zinn. - Eine begründende Überlegung, nur
eine von mehreren, sei beispielshalber herausgegriffen: Das anaku

---

16 Veröffentlicht unter dem Titel Tin and Lead: the Adventures
    of Two Vocables, JNES 24, 1965, 285-296.

genannte Metall erlaubt per Arbitrage[17], die erheblichen Kosten
mancherlei Art eines Ferntransports, eines Handels über Distanzen
und Grenzen, mit hinreichendem Gewinn zu verkraften. Gesetzt den
Fall, anaku hätte nur Blei gemeint, das nach Wert und Preis weit
hinter Zinn rangiert, so würde sich der Kostenaufwand bei grenz-
überschreitend weiter Beförderung, von der wir aus den Texten erfahren, nicht haben "rechnen lassen". Sinn gibt allein das Kosten-
Gewinn-Verhältnis beim höherwertigen Metall, beim Zinn. Also kann
es sich bei anaku, wenn nur Zinn und Blei in Betracht kommen, einzig um ersteres gehandelt haben. - Wie gesagt: dieses ist nur ein
Argument aus der Kette der Überlegungen LANDSBERGERS. Mehr an
Begründungen auszubreiten, ist hier weder möglich noch nötig. -
Es spricht für sich, daß jenen Überlegungen gemäß auch der um-
fang- und stoffreiche Artikel über anaku in "The Assyrian Dic-
tionary", Chicago[18], nur e i n e Bedeutung belegt: Zinn - und
keine ansonsten. Bemerkenswert überdies, daß auch Adam FALKENSTEIN
in diesem Sinn übersetzt[19]. Schließlich läßt sich ins Feld führen,
daß etwa auch für ein entsprechendes Wort im Arabischen, ānuk, die
Bedeutung Zinn angegeben wird[20]. - So bleibt Alttestamentlern nichts
anderes übrig, als für אֲנָךְ, dem allem gemäß, ebenfalls die Bedeutung

---

17 Durch Ausnutzung des Preisunterschieds bei Ankauf an einem Ort
   mit niedrigem Preisstand und Verkauf andernorts auf höherem
   Preisniveau. BROCKHAUS. Vgl. B. LANDSBERGER, a.a.O. 288f.

18 Hg. v. M. CIVIL, I.J. GELB, B. LANDSBERGER, A.L. OPPENHEIM
   u.a., I/2, 1968, 127-130.

19 Sumerische religiöse Texte, ZA 56, 1964, 76. Dazu, daß W. v.
   SODEN in dem von ihm bearbeiteten Akkadischen Handwörterbuch,
   I, 1965, 49 einstweilen noch den Spalt "u wohl auch 'Blei'"
   offengelassen hat, vgl. man B. LANDSBERGER, a.a.O. 291ff.
   Sollte dieser Spalt auch im Blick auf die Bleilotdeutung der
   Mehrheit der Alttestamentler bei Am 7,7f offengeblieben sein,
   so drohte hier die Gefahr eines Circulus vitiosus.

20 Nach B. LANDSBERGER, a.a.O. 287, Anm. 10.

Zinn anzunehmen[21]. Warum sollte dieses Wort im Hebräischen be-
deutungsverwandelt[22] gebräuchlich geworden sein? Ein Grund, der
damit zu rechnen erlaubte, ist nicht ersichtlich. - Auch der
Umstand, daß das Biblische Hebräisch noch ein anderes Wort für
Zinn aufweist - בְּדִיל [23] -, taugt als Einwand gegen unsere Schluß-
folgerung nicht[24]. Warum sollte es ausgeschlossen sein, daß mehr
als e i n Lehnwort (oder "Kulturwort"?) für dieselbe Sache

---

21 Offensichtlich im Recht sind G. BRUNET, La vision de l'étain,
VT 16, 1966, 387ff und W.L. HOLLADAY, Once more, [a]nak = tin,
Amos VII 7-8, VT 20, 1970, 492ff. Beachtenswert, daß auch M.
WEIPPERT in seinem Artikel über Metall und Metallbearbeitung,
in: BRL[2], 1977, 221, der philologischen Sachlage Rechnung ge-
tragen hat. - Es wird, nebenbei gesagt, angenommen, Hieronymus
habe in Commentarii in Prophetas Minores "stannatum" u. dgl.
bei Am 7,7 in Gedanken an "Zinn" und "verzinnen" formuliert.
Sollte diese Annahme zutreffen, so gebührte ihm fraglos die
Ehre, schon damals auf der richtigen Spur gewesen zu sein.
Wie wäre er zu seiner Einschätzung gekommen? Vielleicht tatsächlich so, daß ihm noch zutreffendes Wissen tradiert worden
ist. Vergleichenswert so oder so Corpus Christianorum. Series
Latina 76, S. Hieronymi presbyteri opera, I/6, 1969, 318.

22 Zu diesem Gesichtspunkt etwa J. BARR, Comparative Philology
and the Text of the Old Testament, 1968, 87ff.

23 W. BAUMGARTNER, Hebräisches und aramäisches Lexikon zum
Alten Testament, Lf. I, [3]1967, 106; M. WEIPPERT, a.a.O.

24 Auch dann nicht, wenn es abwegig sein sollte, mit W.L.
HOLLADAY, a.a.O. 492 in בְּדִיל das native word zu sehen, das
mit dem übernommenen Wort אֲנָךְ konkurriert. Zu beachten sind
die Angaben bei BAUMGARTNER, a.a.O. 106.

22

Bestandteil des Hebräischen geworden ist[25]?

Es ist alles in allem ziemlich sicher: jenes viermalige אֲנָךְ im alttestamentlichen Visionstext meint Zinn.

---

25 G. v. WILPERT, Sachwörterbuch der Literatur, [6]1979, 450:
    "aus e. fremden Sprache entlehntes, jedoch mittlerweile in
    Lautstand, Betonung und Schreibweise an die Aufnahmesprache
    angeglichenes, nicht mehr als fremd empfundenes Wort ..."
    Ad vocem "Kulturwort" B. LANDSBERGER, a.a.O. 287, Anm. 10.

III
applicatio
- Textbewährung

Damit stehen wir vor der weiteren wichtigen, in gewisser Weise entscheidenden Frage: Ist mit der erlangten Bedeutung exegetisch zurechtzukommen? So, daß die Aussagen mit אֲנָךְ sämtlich und gleichermaßen verständlich werden? So, daß sich Sinn und Plausibilität im ganzen ergeben? Nur wenn unsere Bedeutungsbestimmung uns soweit kommen läßt, darf sie als verifiziert, bewährt und bewiesen gelten.

Glücklicherweise hat es den Anschein, als seien die Chancen, von der Bedeutung "Zinn" ausgehend exegesieren zu können, nicht schlecht und längst nicht ausgeschöpft.

Eine Chance bietet sich allerdings nicht: Die nämlich, nun einfach vom "Zinnlot" zu sprechen - statt, wie bisher, vom "Bleilot" -, um, wie gehabt und gewohnt, in den Gleisen der opinio plurium fortzufahren. Zu viel steht der Deutung mit dem Lot und der zweifachen Prüfung, der der Mauer und der des Volks, wie vorhin gezeigt, im Weg.

Auch keine Chance tut sich in der Deutung des Heiligen Hieronymus auf, der - interessanterweise - vielleicht schon zu seiner Zeit den Gedanken an Zinn gefaßt hatte. Trifft er doch in seinem Kommentar zu den Kleinen Propheten[26] die Wortwahl "stannatio", "stannatum" usf. Hieronymus läßt, um zurechtzukommen, in der Übersetzung der Vulgata eine Maurerkelle in der Hand des Allherrn sein: et in manu eius trulla cementarii. Ebendiese Kelle ist es dann auch, die Amos, auditionär befragt, benennt: quid tu vides Amos ... dixi trullam cementarii ... Mit dieser Kelle wird Metall - nach jener Kommentierung zu urteilen, eventuell Zinn -, in flüssigem Aggregatzustand, hierhin und dorthin appliziert. Einer-

---

26 Siehe oben Anm. 21!

seits an die Mauer. So wird diese zur murus litus, zur beschich-
teten, glasierten, eventuell verzinnten Mauer. Andererseits wird
die Kelle - irgendwie - mitten ins Gottesvolk gebracht. Gewiß zu
dessen Bestrafung im Rahmen des Gottesgerichts. - Soweit die
Deutung, in der sich Hieronymus versucht! Wer fände sie nicht
reizvoll? Wer aber nicht auch zu rational, zu weit ins Handwerk-
liche, Technische gehend? Nein, von Hieronymus her wird sich die
Lösung der exegetischen Knoten nicht anbieten!

Schon eher könnte ein Erklärungsversuch der Moderne, unternommen
in jüngster Zeit[27], ein Stück weit zumindest, voranhelfen: ein
Erklärungsversuch der beiden mit der Bedeutung Zinn operierenden
Alttestamentler Gilbert BRUNET und William HOLLADAY[28]. Beide
denken, nicht zu Unrecht, daran, daß Zinn in der Bronzezeit -
überschneidend auch noch danach - militärstrategisch von höchster Bedeutung war: Ohne Zinn keine Bronze! Und ohne Bronze nicht
die Waffen und sonstigen Rüstungsgüter aus dieser so wichtigen
Legierung! Zinn im Zentrum der dritten Vision - sollte das nicht
als Symbol zu verstehen sein für bronzene Waffen, bronzene Rüstungsgüter? Zinn in des Allherrn Hand - sollte dies nicht die
von Gott her in Gang gekommene Rüstungsproduktion, ja, letztlich
den hereinbrechenden Krieg symbolisieren? Zinn in Gottes Hand -
meint dies nicht auch - konkreter, spezieller - das von Jahwe
gezückte Schwert? Läßt nicht ebendiese Frage auch der Umstand
bejahen, daß gleich im Folgenden, in Am 7,9, ohnehin und ausdrücklich von חֶרֶב die Rede ist, vom Schwert, mit welchem sich
Jahwe erhebt?

Drängt sich dann aber nicht auch die Frage auf, wie die Mauer
zu erklären sein sollte, die Mauer - ja auch aus Zinn, die Mauer, auf welcher der Allherr steht und die im Visionstext gewiß
nicht zuletzt zur Sprache kommt? Bleibt da nicht ein schwer zu
bewältigender Rest? Ein Rest, der die Richtigkeit des Inter-

---

27 1966 und 1970.

28 Literaturangaben in Anm. 21.

pretationsansatzes gleich wieder bezweifeln läßt? - Indes, BRUNET
und HOLLADAY wissen Rat und meinen die Antwort geben zu können:
Mit der Mauer aus Zinn sei nichts andres gemeint als die außer-
ordentliche Anhäufung des seltenen und nicht so ganz leicht zu
beschaffenden Metalls. Gott stehe auf einem Zinn-Wall, verfüge
über aufgetürmte Ressourcen des militärstrategisch wichtigen
Stoffs, zeige sich somit in der Lage, unerschöpflich Rüstung,
immer mehr Waffen hervorzubringen. Mauer aus Zinn - das zeige -
so könnte man im Sinn der genannten Gelehrten sagen - das Potential für Overkill, welches Israel jedwede Hoffnung nehme, auch
den letzten Funken einer solchen.

Indes, auch das Potential der Erklärung ist damit noch nicht er-
schöpft: BRUNET meint den Gedanken hinzutun zu sollen, es möchte
vielleicht in diesem Fall mit אֲנָךְ nicht Zinn, sondern das Mineral bezeichnet sein, aus dem das Metall, das genannte, zu gewin-
nen ist: Zinnerz sozusagen oder Kassiterit. Eine Mauer, aufge-
türmt aus den Brocken selbigen Minerals, - das lasse sich besser
vorstellen als eine Mauer aus Zinn. -

Dies ist's, was bislang zur Erklärung unseres schwierigen Texts,
von der Bedeutung "Zinn" ausgehend, veröffentlicht und verfügbar
ist! - Nicht wenig alles in allem! Aber - bei allem Respekt -
nicht genug! Ist es nicht so, daß manches in die richtige Richtung weist, anderes hingegen diese Erklärung suspekt macht? Wie
steht es damit, daß אֲנָךְ zugleich Zinn und Kassiterit, zugleich
das Metall und das Mineral bezeichnet haben soll? Wie steht es
mit der Bestrebung, die Mauer der Vision - nota bene: der Schau,
die die normale Empirie übersteigt! - begreiflicher machen zu
wollen[29]? Wie steht es mit der Deutung der Mauer ansonsten -
die Mauer als Ressourcenhügel? Wie steht es mit dem seltsamen
Neben- und Ineinander: in Gottes Hand zugleich ein einzelnes
Schwert und, allgemeiner, Output von immer mehr Waffen und Rüstung? Und nebenbei noch gefragt: Wie steht es mit der Herein-

---

29 BRUNET zeigt hier Einsicht, setzt sich dann freilich über
   sie hinweg. A.a.O. 395.

nahme des sich anschließenden Verses, Am 7,9, zur Stützung des
Gedankens ans Schwert? - Mögen dies nicht alle Fragen sein, die
verfolgt zu werden verdienen. Die wichtigsten dürften's wohl
sein. Und die, mit welchen es zusammenhängen könnte, daß BRUNET
und HOLLADAY bis dato nicht mehr überzeugt und ein besseres Echo
gehabt haben. - Gewiß, die Auseinandersetzung mit jenen Fragen
steht an. Indes, es könnte vordringlich sein, mit einer Überlegung einzusetzen, die, wie es scheint, bislang zu kurz gekommen
ist:

Sie gilt dem Umstand, daß unser Text von v i s i o n ä r Erfah-
renem spricht. Der Streit um die Meinung ist ausgestanden, da
sei, beim dritten Visionsbericht, normale, zufällige Sinneswahrnehmung intuitiv aufgegriffen und als Offenbarung von Gott her
gedeutet[30]; da habe - konkret und im Vorstellungskreis der opinio
plurium gesprochen - der Prophet alltäglich-zufällig einem Maurer-
polier über die Schulter gesehen und sei, im Blick auf eine schie-
fe Mauer, unversehens zu einer bestimmten Zukunftsgewißheit gekommen. Wie gesagt: diese Meinung ist obsolet[31]. Man geht heut-
zutage davon aus, daß sich der Text - seinem eigenen Anspruch
gemäß[32] - tatsächlich auf "Eingegebenes" bezieht, auf Erfahrung,
die nicht auf normaler Sinneswahrnehmung beruht. Bezeichnend ist,
daß Gott, der Allherr selbst - wie textlich wohlbezeugt[33] - zum
Wahrgenommenen gehört. Auch heißt es ausdrücklich, so habe er
schauen lassen.

Ist dieses konzediert, dann freilich ist das Faktum, daß sich

---

30 Zum Verständnis dieser Art von Vision im weitesten Sinn E.
    BENZ, Die Vision. Erfahrungsformen und Bilderwelt, 1969, 94ff.

31 Vergleichenswert I.P. SEIERSTAD, Die Offenbarungserlebnisse
    der Propheten Amos, Jesaja und Jeremia, [2]1965, 52ff.

32 Siehe Am 7,7! Vgl. 7,1.4 und 8,1!

33 Von einer Variante in LXX abgesehen. - Vgl. nicht zuletzt
    auch Am 9,1!

der Text überhaupt nicht auf Eindrücke normaler Empirie bezieht,
gerade auch zu berücksichtigen, wenn es an die Exegese geht, an
die Erklärung im einzelnen. Es ist nicht einzusehen, warum jenes
Faktum bei der Erzählung von der dritten Vision weniger als etwa
bei der von der ersten und zweiten in Rechnung zu stellen sein
sollte. Sind hier, bei den letztgenannten, weder der Heuschrecken-
schwarm noch das Feuer, die dabei sind zu Ende zu fressen[34] und
gleichwohl gar nicht real werden, Dinge normaler Sinneswahrnehmung, so gilt dasselbe von der Mauer aus Zinn und von selbigem
Metall in Gottes Hand. Hier handelt sich's ebensowenig um normal
wahrgenommene Dinge. Was ja auch daraus hervorgeht, daß Gott,
gar in zentraler Weise, mit geschaut wird. Vielmehr sind sie
transzendent, werden beim gottermöglichten Blick in die andere
Welt, die um Gott, erfahren. Menschlicherseits sind sie eigentlich nicht aussagbar, höchstens annäherungsweise, in gewagten
Assoziationen. - Wird dies in Rechnung gestellt, konsequenter
als bislang geschehen, dann ebnen sich, überraschend weitgehend,
die Wege der Exegese.

So ist - um an irgendeiner Stelle in den Kreis der Probleme ein-
zutreten - die Frage schnell aus dem Weg, ob nicht statt an eine
Mauer aus Zinn an eine aus dem entsprechenden Mineral, aus Kassiterit, zu denken sein sollte. Hier wird rasch klar, daß mit
dem Gedanken an die dunkelbraunen oder schwarzen Brocken dieses
Erzes[35] nur eines angestrebt ist: nämlich, die Mauer nach Beschaffenheit und Aussehen dem anzunähern, was in dieser Hinsicht
normalerweise wahrgenommen wird. Ebendieses Bestreben verfehlt
aber ganz - wie kaum noch gesagt werden muß - Intention und Charakter unserer Vision. Diese will, um die sonderliche Mauer bei
Gott in gewagter Assoziation zu erfassen, gerade mit dem Gedanken
an Zinn ins ganz andere hinübergreifen, sozusagen in die Transzendenz: Die Mauer, ein Bauwerk aus köstlichem, wertvollem, für
normale Sterbliche - zumal im antiken Palästina - so gut wie

---

34 Bei Am 7,2a ist dem textkritischen Vorschlag in BHS zu folgen.

35 R.J. FORBES, Studies in Ancient Technology, IX, 1964, 126.

unerschwinglichen Stoff[36]! Aus einem Metall, bei dem selbst
kleinste Mengen einen Streit zwischen Königen wert sind[37]. Just
dieses Metall, hienieden schwer zu erlangen, wird hier, bei
Gott, in unfaßlicher Menge erschaut. So massiert, wie dies nur
im Jenseits Gottes möglich ist. Eine Mauer aus Zinn - zudem der
Farbe und dem Aussehen nach die Transzendenz anzeigend: In sil-
brigem Weiß[38] und in schimmerndem Glanz[39]! Fast möchte man fragen: Wie anders als so könnte denn überhaupt eine Mauer bei Gott,
in seiner Umgebung, ausgesehen haben? Leuchtet da nicht schon das
gleißende Licht, von dem dann auch Theophanieschilderungen im
Alten (und Neuen) Testament immer wieder zu künden wissen[40]? -
Zinn bei der Mauer und in Jahwes Hand - das signalisiert, gewiß
nicht zuletzt, auch Stärke! Denn: die Stärke, die der Legierung
Bronze eignet, wird nicht aufs Kupfer zurückgeführt, obwohl ebendieses mit mehr als 80% den größten Anteil stellt. Nein, jene
Stärke wird dem Zinn zugeschrieben. Dieses gilt als "the undoubted
master in the field of transmission of power"[41]. Entsprechend
selbstbewußt äußert sich dieses Metall in einem Wortspiel aus dem
Zweistromland: ... anāku anāku anāk siparri [anāku] "Zinn bin ich,

---

36 R.J. FORBES, a.a.O. 130ff.149ff und zwischen 128 und 129 die
    Karte 22 "Tin in Antiquity".

37 Lesenswert der Brief des Königs von Qatna an den von Ekalla-
    tim. Bei R.J. FORBES, a.a.O. 153. Vgl. Y. AHARONI / M. AVI-
    YONAH, The Macmillan Bible Atlas, ²1977, 9.38.146.

38 Siehe abermals FORBES, a.a.O. 156!

39 Mit etwas höherem Zinnanteil ließ sich Bronze, entsprechend
    poliert, zu Spiegeln verarbeiten. FORBES, a.a.O. 146.

40 J. JEREMIAS, Theophanie. Die Geschichte einer alttestament-
    lichen Gattung, WMANT 10, ²1977, 35.39.43.45.62-65. Nicht
    die wenigste Beachtung verdient noch der Visionstext Ez 1.

41 FORBES, a.a.O. 125. - Am Rande verdient Erwähnung, daß in

das Zinn der Bronze [bin ich]"[42]. Entsprechend verankert war es

---

einem hethitischen Palastbauritual der König Zinn (und Eisen)
"in die Herzen" des Bauholzes legt, um dessen Stärke und Dau-
erhaftigkeit zu steigern. V. HAAS, Hethitische Berggötter und
hurritische Steindämonen. Riten, Kulte und Mythen. Eine Ein-
führung in die altkleinasiatischen religiösen Vorstellungen,
KGAW 10, 1982, 181. Zinn als Überträger von power im Nachbar-
bereich der Hethiter! Bemerkenswert - noch mehr am Rande -,
daß Zinn hier zudem in magischer Dimension zum Einsatz gekommen ist. Belege bei HAAS, a.a.O., etwa 110.

42 Zitiert nach A. FALKENSTEIN, Sumerische religiöse Texte, ZA
    56, 1964, 76. Bemerkenswert auch die Hochschätzung des "Zinns
    der Bronze" in Zeile 230 des hier wiedergegebenen Texts, a.a.
    0. 105. - Daß das Zinn spricht, ist so vereinzelt nicht! In
    einem andren sumerischen Text apostrophiert die Zinn enthal-
    tende Bronze in Fabel-(Tenzone-)Art und ähnlichem Selbstwert-
    gefühl das als Konkurrenz empfundene Silber - ungefähr so:

> Wenn die Zeit gewässerten Erdreichs da ist,
> nicht aber die Hacke zum Lockern des Bodens -
> in solchem Falle (?) fragt niemand nach d i r !
>
> Wenn die Zeit der Saat da ist,
> nicht aber das Breitbeil zum Formen des Pflugs -
> in solchem Falle (?) fragt niemand nach d i r !
>
> Wenn der Winter da ist,
> nicht aber die Axt zum Schlagen von Brennholz -
> in solchem Falle (?) fragt niemand nach d i r !
>
> Wenn die Zeit der Ernte da ist,
> nicht aber die Sichel zum Schneiden des Korns -
> in solchem Falle (?) fragt niemand nach d i r !

Wiedergegeben in Anlehnung an R.J. WILLIAMS, The Fable in
the Ancient Near East, in: FS. f. W.A. IRWIN "A Stubborn
Faith", hg. v. E.C. HOBBS, 1956, 5-6. Zum Grundtext: E. CHIERA,
Sumerian Religious Texts, 1924, Nr. 4, Z. 11-22. Abhängig ist
man in all den genannten Fällen von Bronze, damit aber eben
auch und letzten Endes von - Zinn!

im Tagesbewußtsein unseres Propheten: Die Stärke bronzener Waffen, bronzener Wehr rührt entscheidend vom Zinn her. Und entsprechend schlug es dann auch, als das Tagesbewußtsein zurück-
trat, in der Vision durch: Nicht Bronze -, nein, Zinn, die aus-
schlaggebende Macht in jener Verbindung, tritt da bei Gott, in
der Transzendenz, in höchster Reinheit hervor!

Ist einer metallurgisch geschult, dann könnte er einwenden wollen,
Zinn sei ja, für sich genommen, alles andere als stark. Es lasse
sich pur, seiner Weichheit wegen, allenfalls und mehr ausnahmsweise zu Schmuck -, zu einem Ring verarbeiten. Zu Gegenständen
stärkeren Gebrauchs aber tauge es, isoliert verwendet, nicht.
Auch zerfalle es oxidierend relativ rasch in Pulver[43]. - Gewiß,
alles dies ist naturwissenschaftlich korrekt. Nur eben war Amos,
soviel ihm auch zuzutrauen ist[44], von solchem Wissen weniger bestimmt; zumal es, insoweit es Analysen voraussetzt, damals noch
nicht geläufig gewesen sein konnte. Nein, was den Propheten und
seine Landsleute mehr beeindruckt haben wird, das sind die fa-
mosen Eigenschaften des im Grunde exotischen Stoffs: vor allem
seine Härte und Glanz verleihende Wirkung in der Legierung Bronze. Was den Ruf jenes Stoffs zusätzlich gesteigert haben wird,
das ist, daß nur ganz wenige Menschen im antiken Palästina es
jemals dazu gebracht haben dürften, besagten Stoff, gar in reiner
Gestalt, tatsächlich zu Gesicht zu bekommen[45]. Zinn dürfte für

---

43 Zu alledem FORBES, a.a.O. 124f.149f; dazuhin LANDSBERGER,
    Tin and Lead, JNES 24, 1965, 287.

44 Sintemal vermutungsweise vereinzelte Stätten der Bronzever-
    arbeitung an Israels Peripherie in Rechnung zu stellen sind,
    beispielsweise in Beth-Semes oder beim transjordanischen
    Tell Dēr ᶜAllā. K.M. KENYON, Archäologie im Heiligen Land,
    [2]1976, 229; M. WEIPPERT, Metall und Metallbearbeitung, in:
    BRL, [2]1977, 220.

45 Bedenkenswert die Wiedergewinnungsbemühungen, auf welche
    FORBES hinweist, a.a.O. 146, sowie die oft sparsame Dosierung,

viele ein Stoff zum Träumen gewesen sein. Ein zusätzlicher Grund
für sein Auftauchen in der Vision! Je rarer der Stoff, um so
größer der Reiz, ihn mit Gott zu assoziieren[46].

Mit alledem ist nicht ausgeschöpft, was sich aus der Einsicht,
daß unser Text visionäre Erfahrung ausdrückt, für seine Erklärung
im einzelnen ergibt. Es liegt auf der Hand, daß Visionserfahrun-
gen Merkmale haben, die sie von anderem Erleben abheben. Bedauer-
erlich ist, daß die Besonderheiten alttestamentlicher Visions-
berichte noch viel zu wenig bekannt sind. Um so wichtiger ist
Hilfe von außerhalb, aus dem Bereich der Kirchengeschichte. Ernst
BENZ hat hier, in einem stattlichen Buch mit dem Titel "Die Vision. Erfahrungsformen und Bilderwelt"[47], eine Fülle von Visions-
texten ausgewertet und Eigenheiten eruiert. Zwar versteht sich
von selbst, daß der Rückschluß ins Alte Testament nicht unproblematisch ist. Schließlich sind hier historische Abstände im Spiel,
die berücksichtigt werden wollen. So unbestreitbar dies ist, so
ist doch mit BENZ zu sagen, es könnte sich von den Formen späterer
christlicher Visionen her eine sachgemäßere Exegese entsprechender biblischer Texte ermöglichen, "als dies der Fall ist, wenn

---

die sich in den von P.R.S. MOOREY und F. SCHWEIZER veröf-
fentlichten Analysen abzeichnet, Copper and copper alloys
in ancient Iraq, Syria and Palestine: Some new analyses, in:
Archaeometry. The Bulletin of the Research Laboratory for
Archaeology and the History of Art, Oxford University, XIV,
1972, 177-198. Siehe auch Anm. 36!

46 In diesem Zusammenhang mag man sich fragen, ob die Bevor-
zugung des Wortes אֲנָךְ gegenüber dem synonymen בְּדִיל bei der
Artikulation der Visionserfahrung auf einen Sinn für den
Reiz des Fremden zurückzuführen sein könnte. Eine schwer zu
beantwortende Frage! Zumal schwer zu taxieren ist, ob אֲנָךְ
noch als Wort aus der Fremde empfunden worden ist. Siehe
auch oben Anm. 25!

47 Erschienen 1969.

man die visionären Erfahrungen negiert oder bagatellisiert"[48]. -
Bei aller gebotenen Vorsicht - eine Entsprechung sticht ins
Auge: Bei der Ausformung visionärer Erfahrungen bieten sich,
weit mehr als Begriffe, Bilder als Auffassungs- und Ausdrucks-
formen an. Zwar sind sie, gemessen an der Unsagbarkeit des visionär Erlebten, auch nicht voll adäquat. Aber, sie können doch
mehr, als es Begriffe zu tun vermöchten, andeuten. Sie können
auch - sozusagen - Ober- und Untertöne ausdrücken[49]. Nun ist es
am Tag, daß der Amos-Text vor allem aus Bildern besteht: Der
Allherr auf der zinnernen Mauer. / Zinn in seiner Hand. / Dann,
zusammenfassend: "Was siehst du, Amos?" Ich sagte: "Zinn!" /
Schließlich der Ausblick auf ein Zukunftsbild: Zinn wird von
Gott - mitten hinein in sein Volk gebracht! Es ist schon so:
eine Folge von Bildern! Anschaulich und doch auch verhalten.
Deutlich und doch auch der Deutung fähig. Ein Deutewort, selber
gleich wieder halb Bild, folgt auf dem Fuß: "Nicht fürder gehe
ich an ihm (meinem Volke) vorbei!" - BENZ registriert im Blick
auf sein Material, ein Visionär müsse, um das Unsagbare sagbar
zu machen, oft ungewöhnlichste Formen des Ausdrucks verwenden
und Elemente, die sich eigentlich ausschließen, verknüpfen[50].
Ist nicht auch diese Eigentümlichkeit im Visionstext des Amos
wiederzufinden? Mauer und Zinn - nicht gerade kommensurable
Dinge! Dennoch, durch die Kühnheit des prophetischen Visionärs
in einer Status-constructus-Verbindung vereinigt: חוֹמַת אֲנָךְ !
Handelt sich's hier um eine typische Erscheinung in der Sprache
des Visionärs, so sollten die heutigen Textkritiker doch besser
von ihr die Finger lassen[51]. - BENZ glaubt im Blick auf die

---

48 A.a.O. 653.

49 Mit BENZ, a.a.O. 318. Ergänzend 313ff.415ff.

50 A.a.O. 652.

51 Vergleichenswert oben Anm. 2 und 14. (Der Vorschlag 7[a-a],
    der im textkritischen Apparat der BHS zu bedenken gegeben
    wird, ist hanebüchen!)

christlichen Visionen bezüglich der Bilder feststellen zu können,
sie seien nicht gleich, sozusagen als Standbilder, fertig da, wie
bei der Projektion von Dias. Sie entwickelten sich vielmehr, wie
im Ablauf eines Films. Auch würden, um in diesem Bild zu bleiben,
verschiedene Filmeinstellungen - Gesamtaufnahmen, Teilausschnitte
usf.[52] - neben- und übereinanderkopiert. Es ist wirklich nicht
schwer, auch solches bei Amos wahrzunehmen. Eröffnungsbild, einigermaßen umfassend: Der Allherr, auf der Mauer postiert. Dann
Übergang zu einem Teilausschnitt, ein Detail in den Blickpunkt
rückend: Zinn in des Allherrn Hand! Hierauf ein Blick aufs ganze: "Was siehst du, Amos?" Antwort: "Zinn!" Offensichtlich Zinn
und nichts sonst! Viertes Bild: ein Schwenk sozusagen, ausgehend
von der Impression Zinn, einer Bewegung dieses Stoffs nachgehend
- bis mitten hinein ins Jahwevolk, einer Bewegung, die bedrohlich
in Israel eindringt. Tatsächlich so etwas wie ein ablaufender
Film! - BENZ konstatiert überdies im Blick auf viele Visionstexte:
die einfachsten Wahrnehmungen inneren Schauens sind Lichtwahrneh-
mungen. Es kommt zu ihnen in unfaßlicher Variationsbreite: Ver-
schiedenste Aufstrahlungen, Aufblitzungen, Aufleuchtungen, Pro-
tuberanzen[53]! Auch diesbezüglich ist klar, daß die dritte Vision
des Amos Entsprechendes hat. Da das Zinn ausdrücklich erschaut
wird, ist nicht zu bezweifeln, daß sein Aussehen eine Rolle spielt.
Das kann dann nur heißen: sein silbriges Weiß, sein schimmernder
Glanz! Da Amos nichts anderes mehr wahrnimmt - nicht mehr die
Mauer und nicht mehr Gott und nicht mehr dessen Hand -, ist anzunehmen, daß letzten Endes dieser Glanz das ganze Blickfeld er-
füllt. Also doch wohl auch eine Aufleuchtung, innerhalb jener
Variationsbreite! - Noch ein Letztes aus jenem Visionsbuch: BENZ
weist an einem Beispiel auf, daß einem Menschen in der Vision das
visuelle Unterscheidungsvermögen verloren gehen kann[54]. Konturen
können sich im überstrahlenden Lichte auflösen. Ist nicht ebendies

52 Zur Ergänzung a.a.O. 163ff.

53 A.a.O. 99ff.328 u.ö.

54 A.a.O. 315.

auch in unserer Amos-Vision der Fall? Warum sollte sonst der
Prophet im Augenblick seines Gefragtwerdens nur noch Zinn und
sonst nichts mehr wahrnehmen? - Nein, im Blick zurück, von den
Eigenarten christlicher Visionen her gesehen, ist's vollends am
Tag, daß der Gegenstand unseres Texts Vision und Visionserfahrung
ist, daß er beides echt widerspiegelt und daß weder die Artikulation der Erfahrung noch deren Verschriftung jener Echtheit Ab-
bruch getan haben.

In diesem Stadium der Studie ist eine weitere Frage aufzunehmen,
die sich von BRUNET her stellt[55]: Wie läßt sich näherbestimmen,
was Zinn impliziert, was es meint und in sich birgt? Darf man
konkretisierend annehmen - ein Schwert? - oder Schwerter? - oder
Rüstung überhaupt? - oder Rüstungsproduktion? - oder Krieg? Ver-
schränkt damit ist eine weitere Frage zu klären: Legt es sich
nicht vom folgenden Vers, von Am 7,9 her nahe, zumindest das Zinn
in Gottes Hand als Schwert zu identifizieren, als bronzenes
Schwert? - Um die letzte Frage zuerst aufzugreifen: Man kann es
kaum übersehen, daß v. 9 eine Gestaltung sui generis ist, ein
Stück gehobener Rede, welches speziell und persönlich zuspitzt,
überdies überleitet und in gewisser Beziehung harmonisiert. Kurz:
v. 9 ist Hinzufügung, Einschub, - redaktionell[56]. Es ist also
erst ein Späterer, ein Redaktor, der die Rede konkret aufs Schwert
bringt, - aufs Schwert, mit welchem sich Gott, nicht minder konkret, wider ein Königshaus wendet, ein ganz bestimmtes, auch
namentlich genanntes. Dabei ist der Redaktor der Meinung, er
drücke mit חֶרֶב / Schwert nur eben präziser und deutlicher aus,
was Amos als Zinn wahrnahm. Der Sachverhalt ist erheblich. Geht
aus ihm doch hervor, wie einer, der n a c h Amos schrieb, aber
eben noch in alttestamentlicher Zeit, אֲנָךְ verstanden hat: Er
begriff das Wort als Umschreibung einer Waffe, dachte nicht ent-
fernt an Bleilot oder Brecheisen. Insofern bestätigt der Einschub

---

55 La vision de l'étain, in: VT 16, 1966, 394.

56 Mit H.W. WOLFF, Dodekapropheton 2, BK XIV/2, [2]1975, 340f.
    348f; S. AMSLER, Amos, CAT XIa, 1982, 227 u.a.

unsere Sicht der Dinge und die Bedeutungsbestimmung Zinn. -
Auf der anderen Seite tritt aber, im Kontrast mit der konkreteren
Redaktion, die Eigenart unserer Visionserzählung nur um so klarer
hervor. Diese kann und will nicht im selben Maß konkret und prä-
zise werden. Scharf Konturiertes war in der Vision nicht zu sehen. Schon gar nicht jedwedes Detail. Im Glanz des Stoffes Zinn
erstrahlte das große Ganze. Das Bild, das dem Visionär erschien,
war unbestimmter und weiter als חֶרֶב . Es legte seiner Art nach
nicht nahe, in Begriffe, in enger umgrenzte, umgesetzt zu werden.
Also ist die von BRUNET herrührende Frage überhaupt nicht text-
adäquat. Es ist angemessener, sich mit jenem Bild zu bescheiden:
Zinn rückt ein Potential von Macht und Kraft und Härte vor Augen.
Sein Glanz verrät, daß es von Gott herrührt, von ihm her aufge-
boten ist. Zinn bei der Mauer demonstriert deren Unbezwingbar-
keit. In Gottes Hand ist es Andeutung enormer Waffengewalt, der
Menschen nicht standhalten können. Und Zinn, von Gott in die
Mitte seines Volks bewegt, ist gottgewollte, gottgelenkte un-
widerstehliche Invasionsmacht. אֲנַךְ ist bei alledem "das Zinn
der Bronze"[57]. Es impliziert - ohne daß sich differenzierter
wahrnehmen ließe - Waffen und Rüstung samt feindlicher Truppen.
Welche es letztlich, wenn die Vision sich verwirklicht, sein
werden, - welche Waffen und welche Feinde, ist zunächst nicht
erkennbar, im Bild der Vision verhüllt. Es ist ja auch nachzuvollziehen, daß an Explizierung und Differenzierung nichts Ent-
scheidendes hängen kann. Beide bleiben - nicht mehr für lange,
sondern nur noch für eine kleine Weile - Sache der Zukunft. Sie
werden sich ohnehin schneller einstellen, als es sich irgendje-
mand in Israel wünschen kann. - Alles in allem ist klar: es ist
wider die Natur der Vision, das, was in Jahwes Hand und von ihm
bewegt ist, auszudifferenzieren. Selbstredend kann der Redaktor,
der als Nicht-Visionär seinen Vers einfügt, in des Allherrn Hand
ein Schwert sein lassen. Amos selbst sieht in der Vision viel
mehr. Er schaut Umfassenderes. Er nimmt etwas wahr, was - nicht
zu vergessen! - auch bei der Mauer ist und mit ihr in noch zu
klärender Weise verbindet.

---

57 Anm. 42!

Ehe wir diesem Zusammenhang nachspüren, halten wir für einen
Augenblick inne, um einen Blick zurück und, mehr noch, einen zur
Seite zu tun. - Im Rückblick zeichnet sich ab: Zum einen, es
sei, bisher zumindest, von der Bedeutungsbestimmung Zinn her
exegetisch nicht schwierig gewesen. Zum anderen, es habe sich
wie erwartet ausgezahlt, daß bei der Exegese des Textes sein Bezug auf Vision und Visionserfahrung mit einiger Konsequenz berücksichtigt worden ist. - Der Blick zur Seite gilt einigen
V e r s i o n e n , Übersetzungen der Antike. Denn es würde
ein Verlust für die Sache - keineswegs nur für die Gelehrsam-
keit - sein, sie bloß anfänglich einzubeziehen und nun nicht
vergleichsweise zu fragen, was denn s i e vom Textsinn erfaßt
und, transponiert in je ihre Sprache, ausgedrückt haben. Allerdings, es muß hier genügen, auf die allerwichtigsten Zeugen zu
achten, auf Vulgata, Septuaginta und Aquila, und jeweils nur
eine Pointe geltend zu machen:

Bei der erstgenannten Version, der Übersetzung des Hieronymus,
reicht es, in Erinnerung zu rufen, sie habe vielleicht noch das
Wissen um das richtige Metall gehabt, freilich ohne dessen ein-
stige Bedeutung hinreichend mit zu erfassen. Bei der Septuaginta
verdient Beachtung, daß sie אֲנָךְ mit dem Wort ἀδάμας oder mit
dem entsprechenden Adjektiv übertragen und so auf superhartes
Eisen abgehoben hat. Metallisch superhart die Mauer; metallisch
superhart, was der Herr in der Hand hält und was er in die Mitte
seines Volkes bewegt. Aquila übersetzt stattdessen mit γάνωσις
und kehrt so, vermutlich durchweg, eine andere Bedeutung hervor:
die nämlich von Politur, Glasur und Glanz. Will es nicht schei-
nen, als habe jede dieser Versionen ein richtiges Bedeutungs-
moment bewahrt, - die Vulgata vielleicht, daß es um Zinn geht,
die Septuaginta, daß härtestes Metall in Sicht kommt, und Aquila, daß da irgendwie Glanz aufleuchtet? Sicher, nicht eine dieser Versionen hat die ganze Visionserfahrung mit allen Teil-
momenten zu rezipieren und zusammenzuhalten vermocht. Aber, je
zu einem Teil spiegeln alle diese Übersetzungen - einem zersprungenen Spiegel mit seinen Segmenten vergleichbar - das im
Grundtext Gemeinte wider. Der Sprung ist dabei nicht allein

durch den Übergang in die andere Sprache bedingt. Vielmehr auch
und vielleicht noch mehr durch die Schwierigkeit, das, was die
Vision mit ihren Bildern eint, nicht-visionär und mit mehr ver-
nünftigen Übersetzungsschritten nahebringen zu müssen. Der Zwang,
Vision und Visionserfahrung aufs andere Ufer nichtvisionären Be-
wußtseins und gewöhnlicher Sprache hinüberzusetzen, bringt die
Gefahr des Mißverstehens und der Desintegration des ursprünglich
Gemeinten mit sich[58]. Ebendieser Gefahr sind die alten Übersetzer
nicht allein und nicht als erste ausgesetzt gewesen. Im Grunde
genommen ist ihr auch schon jener R e d a k t o r , der Inter-
polator des Stückes Am 7,9, erlegen. Die Desintegration des visionär Geschauten unter den Händen des Nichtvisionärs ist hier,
schon relativ bald nach Amos und noch in alttestamentlicher Zeit,
charakteristisch wahrzunehmen: Statt der großartigen Impression
des breithin wirkenden und gleißenden Zinns, das gar bis in die
Mitte des Gottesvolks zu penetrieren beginnt, ist es redaktionell
das eng konturierte Schwert. Und die Versionen kommen zu anderen
Verengungen und Einseitigkeiten. Die eine Übersetzung spricht nur
noch vom Glanz und verliert das metallisch Superharte aus dem
Blick. Die andere Version verkürzt gerade umgekehrt. Und die
dritte im Bunde transformiert herunter ins banale Bild der Mau-
erkelle. Gleichwohl sind alle, Redaktor und Übersetzer, trotz
Desintegration und Minderung dem in der Vision Geschauten noch
immer viel näher als die Masse der neueren Exegeten, welche nur
noch Prüfung und Bleilot und Bleilot und Prüfung im Sinn haben -
und ausnahmsweise Prüfung und Brecheisen.

Am Ende unseres Blicks zur Seite ist klar, wie unverzichtbar er
war. Erweist er sich doch als Blick in die W i r k u n g s -

---

58 In Anlehnung an das Wort des modernen Visionärs Sadhu Sundar
    Singh: "... die Sprache und die Bilder dieser Welt reichen
    nicht zu, um diese (visionär wahrgenommene) Geisteswirklich-
    keit auszudrücken; und der bloße Versuch, diese Herrlichkeit
    des Geschauten in gewöhnliche Sprache zurückzubilden, führt
    leicht zu Mißverständnissen." Zitiert nach E. BENZ, Die Vi-
    sion. Erfahrungsformen und Bilderwelt, 1969, 325.

g e s c h i c h t e des Visionstexts. Verfolgt man aus ihr die
Linien zurück, so bündeln sie sich, wie leicht zu verstehen,
weder in der Bleilot- noch in der Brecheisenszene. Sie konver-
gieren vielmehr - ganz zwanglos und wie von selbst - im Erscheinungsbild des Stoffes Zinn. Wer die Reflexe in der Wirkungsge-
schichte sammelt, dem addieren sich Zug um Zug - Waffengewalt,
extrahartes Metall und Glanz, vielleicht auch das ausdrückliche
Wissen um Zinn. So oder so kommt d a s zusammen, was das da-
malige Erscheinungsbild des Stoffes Zinn ausmacht. Ergo erscheint
im zersprungenen Spiegel, den Redaktion und Versionen im Verein
miteinander bilden, zwar gebrochen, aber noch immer verifizierend
genug, just unsere Sicht der Dinge!

Da könnte Triumpf aufkommen. Indes, gemach! Zum Triumphieren
ist's noch zu früh. Wir sind noch nicht überm Berg, - genauer,
noch nicht über der M a u e r ! Wer sich den Durchblick bewahrt, der findet - im Gesichtskreis der Zinn-Exegese - die Mauer
in der Vision noch ziemlich unbewältigt. Sie ist so gut wie das
erste, was die Visionserzählung erwähnt. Sie ist nachgerade das
letzte, was zu erklären bleibt. Sie ist - nicht übertrieben -
zum Kriterium fürs Ganze geworden: Ist sie nicht, im Kontext der
dritten Vision, restlos plausibel zu machen, so hakt unsere Erklärung im ganzen! - Was also ist mit der Mauer?

Selbstredend kommt's darauf an, daß sie aus unserer Sicht der
Dinge und von der Bedeutungsbestimmung "Zinn" her verständlich
wird. Die Mauer so, wie der Text von ihr spricht. Die näher-
bestimmte Mauer. Die aus אֲנָךְ [59]. Im Sinngefüge unserer Exegese

---

59 Anm. 13-15! Es ist keine Empfehlung für die Erklärung mit
    dem Bleilot oder dem Brecheisen, daß sie gern mit Änderungen
    des Textes einhergeht! Oft genug will man es nur mit חֹמָה ,
    der nicht näher qualifizierten Mauer, zu tun haben. Siehe
    Anm. 2 und überhaupt Teil I! Oder, wenn eine Näherbestimmung
    in Kauf genommen wird, dann will man sie möglichst neutral

müßte zweierlei unterkommen: Erstens, daß da, in der dritten
Vision, überhaupt eine Mauer ist, und zweitens, daß sie aus[60]
אֲנָךְ besteht, unserer Bedeutungsbestimmung gemäß aus Zinn.

---

und nichtssagend haben. So ist חֹמַת אֶבֶן genehm: Irgendeine
Mauer, eine steinerne Mauer, eignet sich besser als Prüfungs-
oder Abbruchsobjekt als die חֹמַת אֲנָךְ . - Bezeichnend ist,
daß die Bleilot-Deutung, wenn sie schon einmal auf die Mauer-
Stelle, so wie sie überliefert ist, eingeht, aus Verstehens-
schwierigkeiten nicht herauskommt. Welchen Sinn könnte etwa
die Auffassung haben, die in neueren Kommentaren und Bibelübersetzungen anzutreffen ist: Bleilotanlegung an einer Mauer, die bleilotgerecht erbaut worden ist, - an einer dadurch
näherbestimmten Mauer, daß sie mit jenem Nivelliergerät ge-
mauert worden ist? Wenn sie חֹמַת אֲנָךְ - philologisch nicht
unbedenklich; Anm. 15! - in diesem Sinne ist, warum fällt
sie dann durch, wenn Jahwe das Bleilot anlegt? Warum ist sie
dann, nach diesem Verständnis, abbruchwürdig? Hatte das damals verwandte Lot nichts getaugt? Oder war mittlerweile der
Baugrund ins Wanken geraten - so ähnlich wie beim schiefen
Turm von Pisa? Warum wird, wenn so Spektakuläres dazwischen-
gekommen ist, davon jedoch im Text nichts erwähnt? - Nein,
חֹמַת אֲנָךְ ist so nicht verständlich gemacht! Die opinio
plurium versagt bei der Erklärung der Mauer, ob sie sich auf
den überkommenen Wortlaut einläßt oder ihn zu ihrer Bequem-
lichkeit ändert! Wer die Passage mit der Mauer erst "emen-
dierend" zurechtklopfen muß, um über sie hinwegzugelangen,
der gibt zu erkennen, daß er mit der Erwähnung der Mauer, so
wie sie ist, nicht zurechtzukommen vermag! - Meine also nur
niemand, auf der Grundlage der Bleilot- oder Brecheisendeutung
machte die Plausibilisierung der Mauer, wie sie textlich bezeugt ist, keine Schwierigkeiten! - Dies en passant zur Lage
der Dinge auf der Gegenseite!

60 Mit B. LANDSBERGER. Siehe Anm. 15!

Vor uns hat Gilbert BRUNET sich hier versucht[61]. Wie erinnerlich
so, daß er חוֹמַת אֲנָךְ , die Mauer aus Zinn, auf welcher der Allherr steht, lediglich als Ressourcenhalde versteht. Gott ist auf
so unerschöpflichem Zinnvorkommen, daß er, unter sich schürfend,
den Stoff für immer mehr Waffen erhält, für eine alptraumartig
fortgehende Rüstungsproduktion, die auch den Rest der Hoffnung,
verschont zu bleiben, erdrückt. - Man mag diesen Versuch, mit der
Mauer aus Zinn zurechtzukommen, faszinierend finden. Überzeugen
kann er nicht. Nimmt er doch von den beiden vorhin unterschiede-
nen Textelementen nur eines ernst: das Zinn, aber nicht die Mauer! Es geht nicht an, der Mauer das, was sie zur Mauer macht, so
mir nichts, dir nichts zu nehmen. Bei allem Respekt vor den Ver-
diensten BRUNETS - s o ist die חוֹמַת אֲנָךְ im Zusammenhang der
dritten Vision bestimmt nicht verständlich zu machen!

Geraten ist, sich darauf zu besinnen, was eingangs unserer Studie
zur Bedeutung des Wortes חוֹמָה vermerkt worden ist[62]: חוֹמָה meint
nicht stets, aber eben a u c h und gewiß nicht zuletzt, die
schützende Umfassungsmauer eines Ortes, einer Stadt, ihren Befe-
stigungswall. Zwar haben wir gelernt, die Bedeutung, auf welche
die Etymologie zurückweist, nicht ohne weiteres bei jedem aktu-
ellen Gebrauch eines Wortes vorauszusetzen. Bedenkenswert ist
aber doch, daß חוֹמָה von einem Verb herrührt, das "behüten"/
"schützen" bedeutet[63]. Es ist nicht zu gewagt, auch bei der חוֹמָה
in unserer Vision eine Mauer ins Auge gefaßt sein zu lassen mit
der üblichen Schutzfunktion; eine Mauer, die Menschen, welche
dahinter wohnen, zum Schutze gereicht. Erst recht läßt der macht-
volle, harte Stoff, aus welchem die Mauer besteht, in diesem Verständnis gewiß werden: חוֹמָה aus Zinn - das ist nicht ein belie-
biges Mauerstück, nicht Umfassung eines Durchschnittshauses[64]

---

61 Literaturangabe Anm. 21.

62 Siehe oben Anm. 1!

63 Siehe bei W.Th. IN DER SMITTEN, ThWAT II, 1977, 806f!

64 Siehe dazu IN DER SMITTEN, a.a.O., II.2, 809!

oder sonst irgendeines Flurstücks. Nein, das ist die alle Durch-
schnittlichkeit überragende Befestigungsmauer, die denen dahinter
Schutz gewährt und denen davor - kraft des potenten Stoffs, aus
welchem sie besteht - gewaltig widersteht. Statt im Banne der
Bleilotvermesserei irgendeines Gemäuers gefangen zu bleiben,
hätte man hier, bei diesem Text, längst einbringen sollen, was
über חוֹמָה im alten Israel, kundig erforscht, zu lesen steht.
Etwa auch das, daß da mit Rammböcken der Angreifer zu rechnen
war, mit Mauerbrechern, an den Spitzen mit hartem Metall ver-
stärkt[65]. Mußte es dann nicht darauf ankommen, die חוֹמָה aus
noch stärkerem Stoff sein zu lassen? Auch ist ins Kalkül zu zie-
hen, daß das Erklettern der Außenmauer durch deren Glättung ab-
zuwehren war[66]. Konnte dann nicht eine Mauer aus Zinn auch hin-
sichtlich dieser Gefahr als optimal erscheinen? Nachzulesen ist
schließlich, daß aus zahlreichen Reliefs hervorgeht, die חוֹמָה
sei oben breit genug für die Aufstellung von Posten gewesen[67].
אֲדֹנָי נִצָּב עַל־חוֹמַת אֲנָךְ - sollte dieses dann nicht, im Kontext
der bekannten "Realien", besagen, der Allherr selbst habe auf
jener Mauer in der Vision - als Garant des Schutzes - Posten ge-
standen? Warum sollte dieses Verständnis unseres Textes nicht in
Betracht kommen können?

Endlich ist im Auge zu behalten, daß, was sich abzeichnet,
v i s i o n ä r wahrgenommen ist. Dies läßt noch ein weiteres
Mal E. BENZ mit seinem Buch über "Die Vision" zum Zuge kommen.
Er stellt auch Belege zusammen, die zeigen, daß die Mauer - als
Teil der "hochgebauten Stadt" - in christlichen Visionen eine
wichtige Rolle gespielt hat[68]. Die Mauer hat in der Bilderwelt
der Visionen ihren Platz. Was ja auch biblisch begründet ist.

---

65 IN DER SMITTEN, a.a.O. 809.

66 IN DER SMITTEN, a.a.O.

67 IN DER SMITTEN, a.a.O. 808. Siehe nicht zuletzt Y. YADIN,
    The Art of Warfare in Biblical Lands in the Light of Ar-
    chaeological Discovery, 1963, 19ff.324ff.388ff u.ö.!

68 A.a.O. 353ff.363ff.

Wem käme nicht die Vision in der Apokaplypse des Johannes (21, 10ff) in den Sinn - mit ihrer Mauer, die wohlgemerkt auch aus köstlichsten Stoffen ist[68a]? Drängt sich nicht der Eindruck auf, unsere Amos-Vision, die die Mauer aus Zinn in den Blick rückt, sei rückwärts betrachtet ein ausgesprochen einschlägiger Beleg, soweit abzusehen der älteste von allen Belegen?

Was die Mauer so wichtig gemacht hat, daß sie Gegenstand von Visionen wurde, liegt - gerade auch im Zusammenhang der Entwicklung altvorderorientalischer Stadtkultur - auf der Hand[69]: Die Mauer entnimmt das städtische Leben seiner Schutzlosigkeit, schafft Schutz und Geborgenheit. Die Mauer der dritten Amos-Vision tut dies in besonderer Weise. Als Gottes Mauer: Der Allherr steht auf ihr Posten! Als Mauer aus Zinn ist sie, wie es den Möglichkeiten Gottes entspricht, beschaffen. Und so bedeutet sie machtvollsten, wirksamsten Schutz.

Zu fragen bleibt schließlich, ob Amos die Vorstellung von dieser zinnernen Mauer ohne V o r g a b e und Anknüpfungspunkt, originell sozusagen, hervorgebracht hat. Vielleicht möchte man meinen, der Moment visionärer Ergriffenheit sei zu solcher Hervorbringung angetan. Indes, es mahnt zur Vorsicht, was BENZ zum Verhältnis von Vision und Tradition erhoben hat[70]: Da gibt es eben, wenn man die Vielzahl christlicher Visionstexte überschaut, "eine erstaunlich kontinuierliche Tradition der Bilder", also auch, bei aller Spontaneität visionärer Wahrnehmung, T r a d i t i o n s - a b h ä n g i g k e i t . Grund genug, auch in alttestamentlicher Zeit mit der Möglichkeit zu rechnen, es könnten beim Visionär, im Zuge der Gestaltwerdung seiner Vision, vorgegebene Elemente zum Tragen kommen, ererbte Vorstellungen und Wendungen. Und in der Tat: im alten Vorderen Orient und im antiken Ägypten hat es die offensichtlich geprägte Vorstellung und Wendung von der "Mauer aus Erz", der "Mauer aus Bronze" gegeben. A. ALT hat die

---

68a Vergleichenswert Jes 54,11ff.

69 L. MUMFORD, City invincible, nach E. BENZ, a.a.O. 353.

70 A.a.O. 443ff.

Belege schon zu Beginn der dreißiger Jahre zusammengestellt und untersucht[71]. Dabei hat sich des näheren ergeben, daß jenes Element, bezogen meist auf Pharaonen, daneben aber auch auf Götter, zur Verwendung gekommen ist. Es ist klar, daß diese Bezüge aufs engste zusammenhängen. Denn Ägyptens Könige sind - nicht persönlich, wohl aber in Wahrnehmung ihres Amtes - göttlich[72]. "Mauer aus Erz" ist mithin, sei es mittelbar oder unmittelbar, gottbezogen gebräuchlich gewesen. Quasihymnisch wird so oder so der von Gott herrührende Schutz für Heer oder Land gerühmt. A. ALT hat nicht klarzustellen vergessen, daß in aller Regel mit einem Wort für Mauer formuliert worden ist, das Umfassungsmauer bedeutet[73]. - Von besonderem Interesse ist in diesem Zusammenhang ein Brief aus der El-Amarna-Korrespondenz. Er läuft unter Nr. 147[74], geht auf Abimilki von Tyrus zurück und ist an den ägyptischen König gerichtet. Er apostrophiert diesen als "Götter" und "Sonne". Abimilki rühmt Pharao in akkadischer Sprache als du-u-ri siparri[75], als "Umfassungsmauer[76] aus Bronze". Damit ist klar:

---

71 Unter dem Titel "Hic murus aheneus esto" (nach Horaz, Episteln, I, 1, 60), veröffentlicht in ZDMG 86, 1933, 33-48.

72 Zum besseren Verständnis H. BRUNNER, Grundzüge der altägyptischen Religion, 1983, 64-76.

73 Sonst mit einem andern, welches sie meinen kann und in den gegebenen Fällen tatsächlich auch meint. ALT, a.a.O. 39.

74 Bei J.A. KNUDTZON (Hg.), Die El-Amarna-Tafeln, I, 1915.1964, 609ff und S.A.B. MERCER (Hg.), The Tell El-Amarna Tablets, II, 1939, 480ff.

75 In Zeile 53. Bei KNUDTZON (Hg.), a.a.O. 610, bei MERCER (Hg.), a.a.O. 484. - Zum Namen Abimilki am Rande Gen 20 und Ri 9 sowie die Parallelen, die J.A. SOGGIN, Judges, OTL, 1981, 166/167 zusammenstellt.

76 Vergleichenswert W. v. SODEN, Akkadisches Handwörterbuch, I, 1965, 178.

in der Nachbarschaft der Region, in der sich das biblische Israel
konstituierte, war lange vor Amos der Gedanke lebendig - und ge-
prägt! -, eines Gottes Schutz[77] sei "Mauer (Umfassungsmauer) aus
Bronze", bedeute für die Seinen ebendies. Wer würde, wenn dem so
ist, noch schwören wollen, Amos, der alttestamentliche Visionär
aus Zeitläuften nach "El-Amarna", habe jene "Mauer aus Zinn",
auf welcher der Allherr steht, traditionsunabhängig erschaffen?
Nein, es ist viel wahrscheinlicher, daß bei ihm, als er die dritte Vision erlebte, ein vorgegebenes geprägtes Element zum Tragen
gekommen ist[78]. - Unübersehbar ist, daß es hier und dort um eine
Nuance verschieden ausgeformt ist: "Mauer aus B r o n z e "
und "Mauer aus Z i n n "! Indessen, wenn in Erinnerung gerufen
wird, daß die Vorzüge der Legierung Bronze vornehmlich dem Zinn

---

77 Darum geht es in jedem Fall. Siehe die auf E. EBELING zurück-
    gehende Erwägung zu Zeile 53 bei J.A. KNUDTZON (Hg.), Die
    El-Amarna-Tafeln, II, 1915.1964, 1246! Anders S.A.B. MERCER,
    a.a.O. 485.

78 Am Rande verdient Erwähnung, daß einigermaßen entsprechend
    ein Element der Ausformung der fünften Amos-Vision in einem
    anderen El-Amarna-Brief präformiert ist. Am 9,2: "Wenn sie
    in die Scheol einbrechen, packt meine Hand sie von dorther.
    Und wenn sie zum Himmel aufsteigen, hole ich sie von dort
    herunter." El-Amarna-Brief Nr. 264, geschrieben von einem
    gewissen Tagi an den ägyptischen König seiner Tage: "Wenn
    wir hinaufsteigen zum Himmel, wenn wir hinabsteigen zur Erde,
    so ist unser Haupt in deinen Händen." J.A. KNUDTZON (Hg.),
    a.a.O., I, 826f; S.A.B. MERCER, a.a.O., II, 676f. Hier und
    dort ist derselbe Gedanke, der nämlich, nicht entrinnen zu
    können, einigermaßen gleich gestaltet. - Die Tatsache, daß
    ein weiterer Berührungspunkt vorliegt, soll gewiß nicht über-
    bewertet werden. An sich könnte derselbe Gedanke mehrmals
    entstanden sein. Wahrscheinlicher wird aber sein, daß er,
    nachdem er Gestalt gewonnen hatte, in einen Schatz geläufiger
    Denk- und Sprachelemente Eingang gefunden und so immer wieder
    Verwendung gefunden hat. Die Berührungspunkte dürften aus der
    Zählebigkeit eines solchen Repertoires im alten Vorderen
    Orient resultieren und zu erklären sein.

zugeschrieben worden sind, dann ist der Schritt von der einen
Ausformung zur anderen nicht mehr groß. Die Frage, w e r ihn
erstmals getan hat, ob Amos oder vor ihm ein anderer, wird kaum
zu entscheiden sein. Es liegt auch an ihr nicht viel. Wichtig
ist bloß, daß in der dritten Vision des Amos Traditionelles zum
Tragen gekommen ist. - Was jahrhundertelang geprägtes Element
der Gottesrühmung gewesen ist, das gerät jedenfalls im Visions-
erleben des Amos zu einem szenischen Bild. Die Schutz gewährende
Gottheit, in jener Wendung üblicherweise gerühmt, erscheint nun
selbst auf der Szene, visionär-übersinnlich wahrzunehmen. Die
Mauer, Prädikat der Rühmung, tritt, in derselben Art sinnenfäl-
lig, mit in Erscheinung. Sozusagen als Postament, das den auf
ihr postierten Gott expliziert. Nicht viel anders, als das Postament des Jungstierbilds - an den Reichsheiligtümern von Bethel
und Dan etwa[79] - die auf ihm erscheinende Gottheit in ihrer Be-
deutung erläutert. Die Mauer, genauer, die Umfassungsmauer aus
Zinn, symbolisiert den Schutz, expliziert in sinnenfälliger
Weise, in ihrer Beschaffenheit gar die Sinne überwältigend, die
Schutzmacht, die unübertreffliche, des auf ihr stehenden Gottes.
Die Schutzmacht, wie sich von selbst versteht, zugunsten seines
Volks. Dieses ist, unausgesprochenermaßen, durch die Stadt hinter
der Mauer verkörpert. Die Bedeutung des ersten Bilds in unserer
Vision ist klar, könnte klarer überhaupt nicht sein. Im Lichte
der geprägten Vorstellung und Wendung, die ALT vor etwas mehr
als einem halben Jahrhundert erkundet hat und die, erstaunli-
cherweise, "bis auf diesen Tag" noch niemand zum besseren Verständnis unserer Amos-Vision herangezogen hat[80], wird der Sinn
der Mauer-Erscheinung in unserer Vision ersichtlich.

---

79 1Kö 12,26ff!

80 ALT selbst nicht; er beschränkte sich freilich - unter Beru-
    fung auf BÖHL - auf Nachklänge im Jeremiabuch (1,18; 15,20),
    setzte aber hinzu, daß "ein solcher Nachklang im Alten Testa-
    ment durchaus nicht vereinzelt" sei; er könne das in jener
    Studie nur eben nicht weiter ausführen. Hic murus aheneus
    esto, ZDMG 86, 1933, 46f. Nach ALT - und vielleicht ja auch
    schon bei ihm selbst - sorgte die herrschende Bleilot-Aus-
    legung dafür, daß niemandem einfallen konnte, den Zusammenhang
    herzustellen.

46

Nachgerade bedarf nur noch eins der Klärung: wie die durch die
Mauer aus Zinn in Szene gesetzte Schutzmacht Gottes mit dem Unheil bedeutenden Zinn zusammenhängt, welches Gott - wie in seinem
Wort eröffnet - mitten in sein Volk hineinzubringen dabei ist. -
Dies zu erklären ist aber nicht schwer und von dem her, was wir
als filmisch bewegte Art der Vision erkannt haben, fast wie von
selber verständlich:

Das Eröffnungsbild zeigt, wie eben umschrieben, אֲדֹנָי נִצָּב עַל־
חוֹמַת אֲנָךְ - den Allherrn auf zinnerner Mauer auf Posten, wehr-
haft-machtvoll sein Volk beschützend. Das Eröffnungsbild stellt
so - einfach und doch höchst expressiv arrangiert - das herkömmliche Gottesverständnis der Israeliten vor Augen: die Gewißheit,
in diesem Gott vor Feinden verläßlich geborgen zu sein. - Das
Detailbild, das folgt und Zinn in des Allherrn Hand in den Blickpunkt rückt, וּבְיָדוֹ אֲנָךְ, relativiert das Ausgangsdatum im ersten
Bilde noch nicht: Waffen und Wehr in Gottes Hand sind in diesem
Stadium visionären Erlebens durchaus noch d e f e n s i v zu
verstehen: als Verstärkung des Schutzeffektes der Mauer[81]. Noch
immer nötigt nichts, das Zinn in des Allherrn Hand als Bedrohung
zu empfinden. - Auch in der Bildimpression, die nächstfolgend
zur Sprache kommt, deutet sich ein Umschwung nicht an: "'Was
siehst du, Amos?' Ich sagte: 'Zinn.'" S e i n e Erscheinung
dominiert, zieht alle Aufmerksamkeit auf sich. Nichts an ihr,
rein gar nichts, verrät, daß das Zinn drauf und dran ist, seine

---

81 Auch der Bogen, Waffe der Bogenschützen, welche auf der Krone
    der Mauer zu deren Verteidigung eingesetzt werden konnten
    (2Sam 11,20.24; siehe oben Anm. 67!), ist durchaus mit "Zinn"
    zu umschreiben. Denn es gab (wenn auch im einzelnen, in Kon-
    struktion und Beschaffenheit schwer erklärlich) im Alten
    Orient und biblischen Israel den "ehernen", bronzenen Bogen
    (2Sam 22,35; Ps 18,35; Hiob 20,24; siehe auch W. BAUMGARTNER
    / J.J. STAMM, Hebräisches und aramäisches Lexikon zum Alten
    Testament, III, [3]1983, 648 und vor allem H. BONNET, Die
    Waffen der Völker des alten Orients, 1926.1977, 148f!).
    Auch er ist, als bronzene Waffe, vom Zinn abhängig.

Stoßrichtung umzukehren. Nirgendwo eine Spur von Peripetie! Dem-
entsprechend kommt auch in des Propheten Antwort nicht m e h r
zur Sprache als "Zinn". Kein Moment der Diagnose oder Prognose!
- Kein Zufall ist es und höchst bezeichnend, daß erst G o t t e s
W o r t , auditiv vernommen, Einblick in den einsetzenden Umschwung gewährt, mit einem Schlage und grundstürzend ändernd:
יִשְׂרָאֵל הִנְנִי שָׂם אֲנָךְ בְּקֶרֶב עַמִּי "Siehe, ich bin dabei, Zinn mitten
hinein in mein Volk Israel zu bringen!" Das Signal springt um:
von Inschutznahme und Verteidigung - von Mauer sozusagen - auf
Angriff. Gott nimmt sein Volk, traditionelle Gewißheiten zerbre-
chend, nicht länger in Schutz, sondern gibt es preis, attackiert
es gar selbst, bringt eigenhändig Feinde in seine Mitte. Unter
der Hand, unter seiner Hand, verwandelt sich das erschienene
Zinn, nimmt entgegengesetzte Stoßrichtung an, verkehrt sich zum
Angriffspotential, herangebracht vom eigenen Gott, hineingeführt
in den bis dahin geschützten Bereich hinter der Mauer, hinein
ins Jahwevolk, in seine Mitte. Es scheint so, als erkläre sich
die Formulierung בְּקֶרֶב, oftmals als seltsam und schwierig empfunden, aus dem Bild der חוֹמָה, der Umfassungsmauer. Da mitten hinein, ins Zentrum des ummauerten Bereichs, in die Mitte seines
Volks läßt Jahwe in allernächster Zukunft Invasoren einbrechen,
mit ihrer auf Zinn basierenden Waffengewalt. Es ist so, als kehre
sich der Allherr oben auf der Mauer mit dem Zinn in der Hand, das
bedrohlichen Charakter annimmt, um 180° um - aus der Orientierung
des Schutzgotts in die Angriffsposition eines Feinds. Sagt er
doch auch im selben Augenblick: "Nicht mehr länger gehe ich
(schonend) an ihm (meinem Volk) vorbei!"

Ergo ist die Mauer, die im Duktus unserer Erklärung widerständig
erschien, im Ganzen der Vision nicht etwa bloß unterzubringen,
sondern unentbehrlich: als Ausgangsdatum und Folie des Umschwungs,
der im Verlauf des visionären Geschehens in Gang zu kommen beginnt. Aus der Gotteserscheinung im Zeichen der Mauer, die Schutz
und Inschutznahme symbolisiert[82], entwickelt sich - anfangs lang-

---

82 Man vergleiche nicht zuletzt auch M. LURKER, Wörterbuch biblischer Bilder und Symbole, 1973, 203/204! Nur im Banne der

48

sam, mäeutisch, in Frage-Antwort-Manier, dann jählings, in blitz-
schnellem Finish - eine schockierend konträre Gottesbekundung:
Aus dem Schutzgott wird unversehens der sein Volk attackierende,
verheerende Allherr.

Der Wandlungsprozeß, bei dem aus vertraut traditionellen Konturen
ein ganz anderer Gott hervorbricht, verbindet plausibel und unge-
zwungen alle Elemente der Visionserzählung; er erklärt ihre Züge
und Formulierungen sämtlich, ohne irgendetwas im dunkeln zu lassen. Er läßt Änderungen am Text[83] und Annahmen zwischen den Zeilen
vollkommen entbehrlich werden. Er entspricht im ganzen und im
einzelnen dem Wortlaut so, wie er überkommen ist. - Darf also
nicht füglich resümiert werden, die philologisch einzig mögliche
Bedeutungsbestimmung beim Wort אֲנָךְ - mit "Zinn" - sei auch exegetisch bewährt?

_____

    Bleilotexegese läßt sich so ganz übersehen, was notorisch
    und allbekannt ist!

83 Siehe hierzu oben Anm. 2.(13.14.)51.59!

IV
applicatio
- Kontextbewährung

Nicht daß es nach allem noch weiterer Begründung bedürfte. Das
dargelegte Verständnis der dritten Amos-Vision ist begründet genug. Nur eben - es wäre schade, käme nicht noch, wenigstens an-
deutungsweise, in Sicht, in welchem Maße Grundzüge des Geschauten
und Gehörten im Kontext des von Amos Überkommenen Entsprechungen
haben:

Solche finden sich, bis zu einem gewissen Grade, gleich in der
Erzählung von der v i e r t e n   V i s i o n , Am 8,1-2. Dieses Textstück gehört unstreitig mit der Erzählung von der dritten
Vision am engsten zusammen. Es dokumentiert wie diese, auch in
derselben Anlage, daß Gott sich entschlossen zeigt, nicht noch
einmal erbarmend-verschonend an seinem Volk vorüberzugehen. -
Was den fünften Visionsbericht anlangt, so bleibt dieser zwar,
extrem zugespitzt, tendenziell im selben Duktus, 9,1-4. Er ist
aber anders angelegt und abweichend ausgestaltet. Was die Erzählungen von der ersten und zweiten Vision, 7,1-3.4-6, angeht, so
gehören sie auf die andere Seite der tiefen Zäsur, indem sie belegen, daß Gott, von Fürbitten bewegt, nochmals, aber sichtlich
letztmalig, Erbarmen walten läßt. Ebendadurch sind sie von den
folgenden Erzählungen, gleicher Einleitung zum Trotz, erheblich
unterschieden. - Mithin ist klar, daß der Bericht von der vierten
Vision mit dem von der dritten - mehr als mit den übrigen - zu-
sammengehört, daß er mit ihm g e p a a r t ist. Das ist der
Grund, warum just in ihm, in 8,1-2, Entsprechungen in Grundzügen
zu gewärtigen sind.

In der Tat sind sie da, mit Händen zu greifen. Denn auch hier
katapultiert sich, freigemacht im selben mäeutischen Verfahren,
aus der ersten Impression eine zweite hervor. Wobei sich letztere
von der ersteren wie die Nacht vom Tag unterscheidet. - Eröff-
nungserscheinung[84]: ein Korb mit Sommerobst, כְּלוּב קַיִץ . Ob kul-

---

84 Im Sinne von I.P. SEIERSTAD, Die Offenbarungserlebnisse der

tisch-rituell gerahmt[85] oder nicht, die Erscheinung kann kaum
anders als positiv berührt haben. Dann aber, in der Weiterent-
wicklung der vierten Vision, springt jäh aus dem angenehmen Bild
der entsetzlichste Kontrast hervor: aus קַיִץ קֵץ. Was die klangli-
che Oszillation bedeutet, das schleudert - auch hier! bezeichnenderweise! - das Wort des Allherrn hervor: בָּא הַקֵּץ אֶל־עַמִּי יִשְׂרָאֵל
Das Ende, das Aus fürs Jahwevolk ist gekommen! - Es sind hier
tatsächlich dieselben Grundzüge wie bei der dritten Vision zu
beobachten: War es dort, beim Potential des Zinns, zur plötzlichen
Umorientierung gekommen, zum Umschwung der Stoßrichtung, Israel
zum Unheil statt zum Heil, so ereignet sich hier, abermals am
selben Punkt, bei קַיִץ, das phonetisch-akustisch קֵץ in sich birgt,
im Grunde genommen dasselbe[86]. Ebendiese Entsprechung in der Grund-
struktur zeigt aber - auf ihre Weise und zu allem hin -, daß die
dritte Vision wie dargelegt ganz richtig verstanden ist.

Indessen, auch a u ß e r h a l b der Visionserzählungen, in
der sonstigen Verkündigung unseres Propheten, findet sich das
eruierte Grundmuster wieder, bemerkenswerterweise gleich einige
Male. Naturgemäß dort, wo Unheil angedroht wird. So in Am 5,18-20.
Da in der Art und Weise, in der die herkömmliche Vorstellung vom
יוֹם יְהוָה - vom Tag, der durch Jahwes Eingreifen bestimmt ist[87] -

---

Propheten Amos, Jesaja und Jeremia,[2]1965, 54.

85 Wie es manche zu sehen belieben; namentlich E. SELLIN, Das
    Zwölfprophetenbuch, KAT XII/1, [2.3]1929, 256; J.D.W. WATTS,
    Vision and Prophecy in Amos, 1958, 36-38 oder J.L. MAYS,
    Amos, OTL, 1969, 141.

86 Nur mit klimaktischem Effekt. In der dritten Vision: Feind-
    einbruch und -einwirkung bis hinein in Israels Mitte. In der
    vierten: dessen gänzliches Ende. Es braucht kaum gesagt zu
    werden, daß diese Steigerung der Analogie im wesentlichen
    keinen Abbruch tut.

87 Dazu etwa M. SAEBØ in ThWAT III, 1982, 584. Literaturhinweise
    ebd. 561.

totaliter umgekehrt wird. Denen, die Amos anspricht, erschien
dieser Tag höchst wünschenswert, in ähnlichem Licht wie der
Midianstag [88], als Zeitpunkt für das Einschreiten ihres Gottes
wider die Feinde und zu Israels Heil und Gunsten. Der Prophet
versetzt ihn unversehens in ein anderes Licht. Oder besser gesagt: in Licht-losigkeit, Finsternis. Seine Zuhörer ahnen gar
nicht - darum der Weheruf über sie! -, was sie sich da herbei-
wünschen: Einen Tag, der unter der Hand, unter der Hand des nun
nicht mehr zum Verschonen bereiten Gottes[89], sich in seiner Stoßrichtung umgekehrt hat; zu einem Tag, an dem das Jahwevolk, im
Bilde gesprochen, nicht mehr vom Löwen zum Bären und vom Bären
ins Haus entwischt, sondern mit der Hand, die die Stütze sucht,
in den Todesbiß der Schlange hineingreift. Konversion des Kon-
zepts vom Jahwetag! Konversion von derselben Art wie beim Zinn
in der dritten Vision!

So wie dieses Konzept wirbelt auch noch manches andere, von der
Prophetie des Propheten aufgegriffen, in die Gegenrichtung her-
um. So in Am 3,12[90] der Gedanke, es werde doch wohl ein Rest des
Volks, wenn schon nicht das ganze, dem grassierenden Unheil "ent-
rissen" werden. Er wird, schneller als sich's einer versieht, so
herumgedreht, daß er sich aufhebt: Rettung eines Rests im letzten
Momente - ja! Aber so, daß mit diesem Rest nichts anderes als der
Totalverlust des Ganzen - einem alten Rechtsbrauch gemäß[91] -
nachweisbar wird! - Entsprechend verkehrt wird die Israel liebe
Vorstellung, von seinem Gott exklusiv "erkannt", in ein besonders
trautes (und betrauendes) Verhältnis hineinerwählt zu sein.

---

88 Dazu Jes 9,3 in Verbindung mit Ri 7.

89 Am 7,8; 8,2.

90 Die Frage der Abgrenzung der Verkündigungseinheit kann hier
    dahingestellt bleiben.

91 Ex 22,9-12; Codex Hammurapi § 266, TUAT I/1, 1982, 73/74.

Am 3,2[92] bringt in blitzschneller Rotation die Kehrseite der
Medaille nach vorn: Exklusiv "erkannt" - ebendeshalb zur Ahndung
der Schuld exklusiv zur Verantwortung gezogen! Handelt sich's
nicht, hier und dort, strukturell um dieselbe Art Kehre, die beim
Zinn in der dritten Vision zu beobachten ist (lieb und wert als
Wehr nach außen, dann aber urplötzlich Offensivpotential nach
innen)?

Last but not least ist die Aufmerksamkeit auf den Zyklus der
Völkersprüche zu lenken, 1,3-2,16. Nach des Propheten Verständnis, der sich querdurch der Botenspruchformel und korrespondie-
rend der Gottesrede im Ich-Stil bedient, wendet sich Jahwe, er
selbst, reihum an die Völker. Nota bene zuerst an die Fremdvölker!
Nicht an alle, die im überkommenen, ohne Zweifel erweiterten Texte
bedacht sind. Wohl aber, primär, an eine stattliche Reihe von
ihnen[93]. An welche auch immer im einzelnen -, feststeht, daß Gott
z u e r s t   n a c h   a u ß e n   gewandt Unheil androht. Mitnichten allein zur Inschutznahme des eigenen Volks. Der, den der
Prophet zu Wort kommen läßt, ist anderes und mehr als bloß partei-
ischer Schutzgott. Es ist einer, der universal zur Verantwortung
zieht[94]. Gleichwohl ist klar, daß er für Land und Leute in Israel
besonders engagiert ist[95]. Entsprechen dann nicht die Fremdvölker-
sprüche den Anfangsimpressionen der dritten Vision? Der Allherr
auf der Mauer aus Zinn, Zinn in der Hand, im Anfangsstadium nach

---

92   Zu den Fragen der Abgrenzung und Deutung: auch R. SMEND, Das
     Nein des Amos, 1963, in: Gesammelte Studien, I, BEvTh 99,
     1986, 90!

93   Dazu, wie die Auswahl zu treffen sein könnte, etwa H.W. WOLFF,
     Dodekapropheton 2, BK XIV/2, z.St.

94   Besonders bedenkenswert - im Rahmen des primären Texts - 2,1.

95   Dazu - im Rahmen des primären Bestands - 1,3b.13b; freilich
     auch K.A.D. SMELIK, Historische Dokumente aus dem alten
     Israel, KVR 1528, 1987, 78.

außen gewandt, - in diese und jene Himmelsrichtung, zu diesem
und jenem Fremdvolk gekehrt, scheltend und Unheil androhend. -
In der Folge der Völkersprüche frappiert die urplötzlich nach
innen gezogene Kehre, Am 2,6ff. Der Prophet attackiert unverändert
stereotyp, nun aber - Jahwes eigenes Volk im Nordreich! Entspricht
nicht auch und erst recht diese jähe Wendung der Dinge, die die
Zuhörer des Propheten entsetzt, dem Finale der dritten Vision?
Denn am Ende des Visionserlebens, im Medium des Jahweworts, in
der Audition, vollzieht sich beim Zinn, genauso überraschend,
dieselbe Kehre nach innen: Gott wendet den fulminanten Stoff wider sein eigenes Volk, ist im Begriff, ihn in seine Mitte hinein-
zustoßen. Ist's also nicht hier und dort, im Zyklus der Völkersprüche und in der dritten Vision, im Grunde genommen dieselbe
Entwicklung, dieselbe Bewegung, von A bis Z gleich exekutiert?
Unterschiedlich ist nur, daß die Ausgangsposition der Vision -
Jahwe noch im Zeichen der Mauer - kaum mehr als die Folie ist,
von welcher sich die überraschende Wendung der Dinge, die die
Pointe bringt, abhebt. Demgegenüber eignet den Fremdvölkersprüchen
mehr Eigengewicht und Eigenwirkung.

Es ist alles in allem sicherlich nicht zuviel gesagt:
Die Grundlinien der Erfahrung in der dritten Vision zeichnen sich
in der Verkündigung des Propheten - charakteristisch genug - immer
wieder ab. Am deutlichsten wohl in der Komposition der Völkersprüche. Wenn dem so ist, dann darf doch wohl in diesem Befund
eine Bestätigung dafür erblickt werden, daß, was in der Erzählung
von der dritten (und vierten) Vision an Grundzügen ausgemacht
wurde, ganz richtig gesehen ist. Unser Verständnis der dritten
Vision, von der Bedeutungsbestimmung "Zinn" her entwickelt, bewährt sich nicht bloß an allen Elementen unseres Textes 7,7-8(.9),
sondern auch - und sogar in erstaunlichem Maß - am Kontext.

* * *

A n h a n g s w e i s e einen letzten Blick ins schon öfter
zitierte einschlägige Buch von E. BENZ[96]! Dort steht - wohl-
fundiert - zu lesen: "Das Charakteristische für die Vision ist
..., daß sie eine tiefgreifende positive Veränderung der Persön-
lichkeit des von ihr Betroffenen herbeiführt. Zum Teil ist die
Vision ... identisch mit der Berufung zu einem neuen Leben oder
verknüpft mit einer bestimmten Erkenntnis, die den Menschen aus
seinem bisherigen Zustand herausreißt und seinem Leben einen
neuen Sinn und Inhalt gibt und zu einer neuen Zielsetzung seines
Willens führt. Häufig erhält der Empfänger der Vision in ihr
einen ganz bestimmten Auftrag, der ihn vollständig aus seiner
bisherigen Willens- und Lebensrichtung wirft." Auch beim vorliegenden alttestamentlichen Fall trifft diese Charakterisierung
zu, bei Amos, dem "Seher" הֹזֶה, 7,12. Zumal ja auch erzählt wird,
dieser sei aus seinen bisherigen Lebensumständen - von Gott
wohlgemerkt! - zu einem ganz neuen Auftrag "weggeholt" worden,
7,14.15[97]. Bestimmt die dritte Vision (wie auch die vierte und
fünfte und die erste und zweite) derart das folgende Wirken des
Propheten, muß es dann nicht - notwendigerweise - zu Entsprechungen in seiner Verkündigung kommen, zu Widerspiegelungen der visionären Erfahrung in Grundzügen, zur Geltendmachung des visionär
Erlebten in verschiedenen Zusammenhängen, ganz so wie aufgewiesen?
Wären Entsprechungen nicht festzustellen gewesen (hypothetisch
gesprochen; sie waren es ja!), so hätte die dritte Vision -
horribile dictu - zur Halluzination erklärt werden müssen. Denn
nur diese ist, Gesundung von ihr vorausgesetzt, o h n e Aus-
wirkungen bei dem, der von ihr betroffen gewesen ist[98]. Die er-

---

96 Die Vision. Erfahrungsformen und Bilderwelt, 1969, 86.

97 Was nicht aus der Luft gegriffen ist. Auch dann nicht, wenn
    P.R. ACKROYD mit seiner Frage in die richtige Richtung zielen
    sollte: A Judgment Narrative between Kings and Chronicles?
    An Approach to Amos 7.9-17, in: Studies in the Religious
    Tradition of the Old Testament, 1987, 195ff.

98 Auch dazu E. BENZ, a.a.O.

wiesene Tatsache, daß sich die dritte Vision - mehr als einmal
- in der Verkündigung des Propheten strukturell widerspiegelt,
verwehrt es endgültig, sie psychopathologisch als Halluzination
zu deuten[99]. Ein Ergebnis am Rande, nicht ohne Belang fürs Ganze!

99 Bedenkenswert in der Folge H. Jonas, Im Kampf um die Möglich-
    keit des Glaubens, 1976/77, in: Wissenschaft als persönliches
    Erlebnis, Sammlung Vandenhoeck 1987, 70ff.

V

appendix

- Übersetzung

7: So ließ er[100] mich sehen[101]:
Sieh! der Allherr, postiert auf der Mauer aus Zinn[101];
in der Hand Zinn!

8: Da sagte Jahwe zu mir:
"Was siehst du, Amos?"
Da sagte ich:
"Zinn."
Da sagte der Allherr:
"Sieh! ich bin dabei, Zinn mitten hinein in mein Volk Israel
zu bringen. Nicht noch einmal gehe ich (schonend) an ihm vor-
über!"

(Zusatz)
9: "Dann werden Isaaks Höhen verödet,
Israels Heiligtümer verheert,
und ich erheb' mich wider Jerobeams Haus mit dem Schwert!"

---

100   Bedacht werden muß: Der Abschnitt ist Teil der von Amos
gefertigten Niederschrift, in der er in (einstmals) un-
unterbrochener Folge seine Visionserlebnisse erzählt. Unmittelbar voraufgehend, am Schluß von v. 6, nennt er Jahwe.
Also kann er es hier nicht gleich wieder tun. Mithin "er".

101   Zur (Nicht-)Wiedergabe der folgenden Copula siehe R. MEYER,
Hebräische Grammatik, III, SG 5765, [3]1972, 91, 3a!

Abkürzungsverzeichnis

BEvTh	Beiträge zur evangelischen Theologie, München.
BHH	Biblisch-historisches Handwörterbuch, Göttingen.
BHS	Biblia Hebraica Stuttgartensia, Stuttgart.
Bib.	Biblica, Rom.
BK	Biblischer Kommentar. Altes Testament, Neukirchen-Vluyn.
BRL	Biblisches Reallexikon, Tübingen.
BZAW	Beihefte zur Zeitschrift für die alttestamentliche Wissenschaft, Berlin u.a.
CAT	Commentaire de l'Ancien Testament, Neuchâtel.
HK	Handkommentar zum Alten Testament, Göttingen.
JBL	Journal of Biblical Literature, Philadelphia, Pa.
JNES	Journal of Near Eastern Studies, Chicago.
KAT	Kommentar zum Alten Testament, Leipzig u.a./Gütersloh.
KGAW	Kulturgeschichte der antiken Welt, Mainz.
KVR	Kleine Vandenhoeck-Reihe, Göttingen.
NEB	Die neue Echter Bibel, Würzburg.
OTL	The Old Testament Library, London.
RB	Revue biblique, Paris.
SG	Sammlung Göschen, Berlin u.a.
ThWAT	Theologisches Wörterbuch zum Alten Testament, Stuttgart u.a.
TUAT	Texte aus der Umwelt des Alten Testaments, Gütersloh.
VT	Vetus Testamentum, Leiden.
WMANT	Wissenschaftliche Monographien zum Alten und Neuen Testament, Neukirchen-Vluyn.
ZA	Zeitschrift für Assyriologie und vorderasiatische Archäologie, Leipzig u.a.
ZDMG	Zeitschrift der deutschen morgenländischen Gesellschaft, Wiesbaden u.a.

58

Literaturverzeichnis

ACKROYD, P.R., A Judgment Narrative between Kings and Chronicles? An Approach to Amos 7.9-17, in: Studies in the Religious Tradition of the Old Testament, London 1987, 195-208.

ADRIAEN, M. (Hg.), S. Hieronymi Presbyteri Opera, I/6, Commentarii in Prophetas Minores, Corpus Christianorum. Series Latina 76, Turnhout 1969.

AHARONY, Y. / AVI-YONAH, M., The Macmillan Bible Atlas, New York. London [2]1977.

ALT, A., Hic murus aheneus esto, in: ZDMG 86, 1933, 33-48.

AMSLER, S., Amos, CAT XIa, Neuchâtel [2]1982.

BARR, J., Comparative Philology and the Text of the Old Testament, Oxford 1968.

BAUMGARTNER, W., Hebräisches und aramäisches Lexikon zum Alten Testament, I, [3]1967.

BAUMGARTNER, W. / STAMM, J.J., Hebräisches und aramäisches Lexikon zum Alten Testament, III, [3]1983.

BENZ, E., Die Vision. Erfahrungsformen und Bilderwelt, Stuttgart 1969.

BONNET, H., Die Waffen der Völker des alten Orients, Leipzig (.Gütersloh) 1926.1977.

BORGER, R. / LUTZMANN, H. / RÖMER, W.H.Ph. / SCHULER, E. von, Rechtsbücher, TUAT I 1, Gütersloh 1982.

BRIGGS, C.A. s. Brown, F.

BROWN, F. / DRIVER, S.R. / BRIGGS, C.A., A Hebrew and English Lexicon of the Old Testament, Oxford 1906.1951.

BRUNET, G., La vision de l'étain, réinterprétation d'Amos VII 7-9, in: VT 16, 1966, 387-395.

BRUNNER, H., Grundzüge der altägyptischen Religion, Grundzüge 50, Darmstadt 1983.

BUDDE, K., Zu Text und Auslegung des Buches Amos. IX. Drei Gesichte vom Untergang Israels, 7,1-9, in: JBL 44, 1925, 63-122.

CHIERA, E., Sumerian Religious Texts, in: Crozer Theological Seminary, Babylonian Publications, I, Upland, Pa., 1924.

CIVIL, M. / GELB, I.J. / LANDSBERGER, B. / OPPENHEIM, A.L. /
    REINER, E. (Hg.), The Assyrian Dictionary of the Oriental
    Institute of the University of Chicago, I/2, Chicago 1968.
CONDAMIN, A., Le prétendu "fil à plomb" de la vision d'Amos,
    in: RB 9, 1900, 586-594.
DEISSLER, A., Zwölf Propheten, Hosea. Joël. Amos, NEB, Würzburg
    1981.
DRIVER, S.R., s. Brown, F.
FALKENSTEIN, A., Sumerische religiöse Texte, in: ZA 56, 1964,
    44-129.
FIELD, F. (Hg.), Origenis Hexaplorum quae supersunt sive veterum
    interpretum graecorum in totum Vetus Testamentum fragmenta,
    II, Oxford 1875.
FORBES, R.J., Studies in Ancient Technology, VIII.IX, Leiden 1964.
GELB, I.J., s. Civil, M.
GRAPOW, H., Die bildlichen Ausdrücke des Aegyptischen. Vom Denken
    und Dichten einer altorientalischen Sprache, Leipzig 1924.
HAAS, V., Hethitische Berggötter und Hurritische Steindämonen.
    Riten, Kulte und Mythen. Eine Einführung in die altklein-
    asiatischen religiösen Vorstellungen, KGAW 10, 1982.
HIERONYMUS, s. Adriaen, M.
HOLLADAY, W.H., Once more, ᵓᵃnak = tin, Amos VII,7-8, in: VT 20,
    1970, 492-494.
JEREMIAS, J., Theophanie. Die Geschichte einer alttestamentlichen
    Gattung, WMANT 10, Neukirchen-Vluyn [2]1977.
JONAS, H., Im Kampf um die Möglichkeit des Glaubens. Erinnerungen
    an Rudolf Bultmann und Betrachtungen zum philosophischen Aspekt
    seines Werkes, 1976/77, in: Wissenschaft als persönliches Er-
    lebnis, Sammlung Vandenhoeck, Göttingen 1987, 47-75.
JUNKER, H., Text und Bedeutung der Vision Amos 7,7-9, in: Bib. 17,
    1936, 359-364.
KENYON, K.M., Archäologie im Heiligen Land, Neukirchen-Vluyn [2]1976.
KNIERIM, R., Baukunst, in: BHH I, 1962, 205-206.
KNUDTZON, J.A. (Hg.), Die El-Amarna-Tafeln, I.II, Aalen 1915.1964.
LANDSBERGER, B., s. Civil, M.
-, Tin and Lead: the Adventures of Two Vocables, JNES 24, 1965,
    285-296.

LIDDELL, H.G. / SCOTT, R. (Hg.), A Greek-English Lexicon, Oxford
    reprint 1968.

LURKER, M., Wörterbuch biblischer Bilder und Symbole, München
    1973. [2]1978.

LUTZMANN, H., s. Borger, R.

MAYS, J.L., Amos. A Commentary, OTL, 1969.

MERCER, S.A.B. (Hg.), The Tell El-Amarna Tablets, II, Toronto
    1939.

MEYER, R., Hebräische Grammatik, III, SG 5765, [3]1972.

MOOREY, P.R.S., Copper and Copper Alloys in Ancient Iraq, Syria
    and Palestine: Some New Analyses, in: Archaeometry. The Bulletin
    of the Research Laboratory for Archaeology and the History of
    Art, Oxford University, 14/2, Cambridge 1972, 177-198.

MUMFORD, L., City Invincible, s. Benz, E., 358.682.

NOWACK, W., Die Kleinen Propheten, HK III 4, Göttingen [2]1903.

OPPENHEIM, A.L., s. Civil, M.

RAHLFS, A., Septuaginta, Stuttgart 1953.1979.

REINER, E., s. Civil, M.

RÖMER, W.H.Ph., s. Borger, R.

RUDOLPH, W., Joel - Amos - Obadja - Jona, KAT XIII 2, Gütersloh 1971.

SAEBØ, M., יוֹם jôm, in: ThWAT III, 1982, 566-586.

SCHULER, E. von, s. Borger, R.

SCOTT, R., s. Liddell, H.G.

SEIERSTAD, I.P., Die Offenbarungserlebnisse der Propheten Amos,
    Jesaja und Jeremia. Eine Untersuchung der Erlebnisvorgänge
    unter besonderer Berücksichtigung ihrer religiös-sittlichen
    Art und Auswirkung, Oslo [2]1965.

SELLIN, E., Das Zwölfprophetenbuch. Hosea - Micha, KAT XII 1,
    Leipzig [2.3]1929.

SILVER, M., Economic Structures of The Ancient Near East, London
    & Sydney 1985.

SMELIK, K.A.D., Historische Dokumente aus dem alten Israel, KVR
    1528, Göttingen 1987.

SMEND, R., Das Nein des Amos, 1963, in: Gesammelte Studien, I,
    Die Mitte des Alten Testaments, BEvTh 99, 1986, 85-103.

SMITTEN, W.Th. IN DER, חוֹמָה hômāh, in: ThWAT II, 1977, 806-811.

SODEN, W. von, Akkadisches Handwörterbuch, I, Wiesbaden 1965.

SOGGIN, A., Judges, OTL, 1981.

SPERBER, A., The Bible in Aramaic According to Targum Jonathan, The Latter Prophets, III, Leiden 1962.

STAMM, J.J., s. Baumgartner, W.

SWETE, H.B. (Hg.), The Old Testament in Greek According to the Septuagint, II, Cambridge [3]1907.

WALTON, B. (Hg.), Biblia Sacra Polyglotta, III, reprint Graz 1964.

WATTS, J.D.W., Vision and Prophecy in Amos, Leiden 1958.

WEBER, R. (Hg.), Biblia sacra iuxta vulgatam versionem, II, Stuttgart 1969.

WEIPPERT, M., Metall und Metallverarbeitung, in: BRL, [2]1977, 219-224.

WEISER, A., Das Buch der zwölf kleinen Propheten. I. Die Propheten: Hosea, Joel, Amos, Obadja, Jona, Micha, ATD 24, Göttingen [5]1967.

-, Die Profetie des Amos, BZAW 53, 1929.

WILLIAMS, R.J., The Fable in the Ancient Near East, in: A Stubborn Faith, FS Irwin, W.A., hg. v. Hobbs, E.C., Dallas 1956, 3-26.

WILPERT, G. von, Sachwörterbuch der Literatur, Stuttgart [6]1979.

WOLFF, H.W., Dodekapropheton 2. Joel und Amos, BK XIV 2, 1969. [2]1975.

YADIN, Y., The Art of Warfare in Biblical Lands in the Light of Archaeological Discovery, London 1963.

ORBIS BIBLICUS ET ORIENTALIS

Bd. 19   MASSÉO CALOZ: *Etude sur la LXX origénienne du Psautier.* Les relations entre les leçons des Psaumes du Manuscrit Coislin 44, les Fragments des Hexaples et le texte du Psautier Gallican. 480 pages. 1978.

Bd. 20   RAPHAEL GIVEON: *The Impact of Egypt on Canaan.* Iconographical and Related Studies. 156 Seiten, 73 Abbildungen. 1978.

Bd. 21   DOMINIQUE BARTHÉLEMY: *Etudes d'histoire du texte de l'Ancien Testament.* XXV–419 pages. 1978. Vergriffen.

Bd. 22/1 CESLAS SPICQ: *Notes de Lexicographie néo-testamentaire.* Tome I: p. 1–524. 1978. Epuisé.

Bd. 22/2 CESLAS SPICQ: *Notes de Lexicographie néo-testamentaire.* Tome II: p. 525–980. 1978. Epuisé.

Bd. 22/3 CESLAS SPICQ: *Notes de Lexicographie néo-testamentaire.* Supplément. 698 pages. 1982.

Bd. 23   BRIAN M. NOLAN: *The Royal Son of God.* The Christology of Matthew 1–2 in the Setting of the Gospel. 282 Seiten. 1979.

Bd. 24   KLAUS KIESOW: *Exodustexte im Jesajabuch.* Literarkritische und motivgeschichtliche Analysen. 221 Seiten. 1979.

Bd. 25/1 MICHAEL LATTKE: *Die Oden Salomos in ihrer Bedeutung für Neues Testament und Gnosis.* Band I. Ausführliche Handschriftenbeschreibung. Edition mit deutscher Parallel-Übersetzung. Hermeneutischer Anhang zur gnostischen Interpretation der Oden Salomos in der Pistis Sophia. XI–237 Seiten. 1979.

Bd. 25/1a MICHAEL LATTKE: *Die Oden Salomos in ihrer Bedeutung für Neues Testament und Gnosis.* Band Ia. Der syrische Text der Edition in Estrangela Faksimile des griechischen Papyrus Bodmer XI. 68 Seiten. 1980.

Bd. 25/2 MICHAEL LATTKE: *Die Oden Salomos in ihrer Bedeutung für Neues Testament und Gnosis.* Band II. Vollständige Wortkonkordanz zur handschriftlichen, griechischen, koptischen, lateinischen und syrischen Überlieferung der Oden Salomos. Mit einem Faksimile des Kodex N. XVI–201 Seiten. 1979.

Bd. 25/3 MICHAEL LATTKE: *Die Oden Salomos in ihrer Bedeutung für Neues Testament und Gnosis.* Band III. XXXIV–478 Seiten. 1986.

Bd. 26   MAX KÜCHLER: *Frühjüdische Weisheitstraditionen.* Zum Fortgang weisheitlichen Denkens im Bereich des frühjüdischen Jahweglaubens. 703 Seiten. 1979. Vergriffen.

Bd. 27   JOSEF M. OESCH: *Petucha und Setuma.* Untersuchungen zu einer überlieferten Gliederung im hebräischen Text des Alten Testaments. XX–392–37* Seiten. 1979.

Bd. 28   ERIK HORNUNG / OTHMAR KEEL (Herausgeber): *Studien zu altägyptischen Lebenslehren.* 394 Seiten. 1979.

Bd. 29   HERMANN ALEXANDER SCHLÖGL: *Der Gott Tatenen.* Nach Texten und Bildern des Neuen Reiches. 216 Seiten, 14 Abbildungen. 1980.

Bd. 30   JOHANN JAKOB STAMM: *Beiträge zur Hebräischen und Altorientalischen Namenkunde.* XVI–264 Seiten. 1980.

Bd. 31   HELMUT UTZSCHNEIDER: *Hosea - Prophet vor dem Ende.* Zum Verhältnis von Geschichte und Institution in der alttestamentlichen Prophetie. 260 Seiten. 1980.

Bd. 32   PETER WEIMAR: *Die Berufung des Mose.* Literaturwissenschaftliche Analyse von Exodus 2,23–5,5. 402 Seiten. 1980.

Bd. 50/2 DOMINIQUE BARTHÉLEMY: *Critique textuelle de l'Ancien Testament*. 2. Isaïe, Jérémie, Lamentations. Rapport final du Comité pour l'analyse textuelle de l'Ancien Testament hébreu institué par l'Alliance Biblique Universelle, établi en coopération avec Alexander R. Hulst †, Norbert Lohfink, William D. McHardy, H. Peter Rüger, coéditeur, James A. Sanders, coéditeur. 1112 pages. 1986.

Bd. 51 JAN ASSMANN: *Re und Amun*. Die Krise des polytheistischen Weltbilds im Ägypten der 18.–20. Dynastie. XII–309 Seiten. 1983.

Bd. 52 MIRIAM LICHTHEIM: *Late Egyptian Wisdom Literature in the International Context*. A Study of Demotic Instructions. X–240 Seiten. 1983.

Bd. 53 URS WINTER: *Frau und Göttin*. Exegetische und ikonographische Studien zum weiblichen Gottesbild im Alten Israel und in dessen Umwelt. XVIII–928 Seiten, 520 Abbildungen. 1983. 2. Auflage mit einem Nachwort, 8 Seiten. 1987.

Bd. 54 PAUL MAIBERGER: *Topographische und historische Untersuchungen zum Sinaiproblem*. Worauf beruht die Identifizierung des Ğabal Mūsā mit dem Sinai? 189 Seiten, 13 Tafeln. 1984.

Bd. 55 PETER FREI/KLAUS KOCH: *Reichsidee und Reichsorganisation im Perserreich*. 119 Seiten, 17 Abbildungen. 1984. Vergriffen.

Bd. 56 HANS-PETER MÜLLER: *Vergleich und Metapher im Hohenlied*. 59 Seiten. 1984.

Bd. 57 STEPHEN PISANO: *Additions or Omissions in the Books of Samuel*. The Significant Pluses and Minuses in the Massoretic, LXX and Qumran Texts. XIV–295 Seiten. 1984.

Bd. 58 ODO CAMPONOVO: *Königtum, Königsherrschaft und Reich Gottes in den Frühjüdischen Schriften*. XVI–492 Seiten. 1984.

Bd. 59 JAMES KARL HOFFMEIER: *Sacred in the Vocabulary of Ancient Egypt*. The Term DSR, with Special Reference to Dynasties I–XX. XXIV–281 Seiten, 24 Figures. 1985.

Bd. 60 CHRISTIAN HERRMANN: *Formen für ägyptische Fayencen*. Katalog der Sammlung des Biblischen Instituts der Universität Freiburg Schweiz und einer Privatsammlung. XXVIII-199 Seiten. 1985.

Bd. 61 HELMUT ENGEL: *Die Susanna-Erzählung*. Einleitung, Übersetzung und Kommentar zum Septuaginta-Text und zur Theodition-Bearbeitung. 205 Seiten + Anhang 11 Seiten. 1985.

Bd. 62 ERNST KUTSCH: *Die chronologischen Daten des Ezechielbuches*. 82 Seiten. 1985.

Bd. 63 MANFRED HUTTER: *Altorientalische Vorstellungen von der Unterwelt*. Literar- und religionsgeschichtliche Überlegungen zu «Nergal und Ereškigal». VIII–187 Seiten. 1985.

Bd. 64 HELGA WEIPPERT/KLAUS SEYBOLD/MANFRED WEIPPERT: *Beiträge zur prophetischen Bildsprache in Israel und Assyrien*. IX–93 Seiten. 1985.

Bd. 65 ABDEL-AZIZ FAHMY SADEK: *Contribution à l'étude de l'Amdouat*. Les variantes tardives du Livre de l'Amdouat dans les papyrus du Musée du Caire. XVI–400 pages, 175 illustrations. 1985.

Bd. 66 HANS-PETER STÄHLI: *Solare Elemente im Jahweglauben des Alten Testaments*. X–60 Seiten. 1985.

Bd. 67 OTHMAR KEEL / SILVIA SCHROER: *Studien zu den Stempelsiegeln aus Palästina/Israel*. Band I. 115 Seiten, 103 Abbildungen. 1985.

Bd. 68 WALTER BEYERLIN: *Weisheitliche Vergewisserung mit Bezug auf den Zionskult*. Studien zum 125. Psalm. 96 Seiten. 1985.

Bd. 69   RAPHAEL VENTURA: *Living in a City of the Dead*. A Selection of Topographical and Administrative Terms in the Documents of the Theban Necropolis. XII–232 Seiten. 1986.

Bd. 70   CLEMENS LOCHER: *Die Ehre einer Frau in Israel*. Exegetische und rechtsvergleichende Studien zu Dtn 22,13–21. XVIII–464 Seiten. 1986.

Bd. 71   HANS-PETER MATHYS: *Liebe deinen Nächsten wie dich selbst*. Untersuchungen zum alttestamentlichen Gebot der Nächstenliebe (Lev 19,18). XIV–196 Seiten. 1986.

Bd. 72   FRIEDRICH ABITZ: *Ramses III. in den Gräbern seiner Söhne*. 156 Seiten. 1986.

Bd. 73   DOMINIQUE BARTHÉLEMY/DAVID W. GOODING/JOHAN LUST/EMANUEL TOV: *The Story of David and Goliath*. 160 Seiten. 1986.

Bd. 74   SILVIA SCHROER: *In Israel gab es Bilder*. Nachrichten von darstellender Kunst im Alten Testament. XVI–553 Seiten, 146 Abbildungen. 1987.

Bd. 75   ALAN R. SCHULMAN: *Ceremonial Execution and Public Rewards*. Some Historical Scenes on New Kingdom Private Stelae. 296 Seiten. 41 Abbildungen. 1987.

Bd. 76   JOŽE KRAŠOVEC: *La justice (Ṣdq) de Dieu dans la Bible hébraïque et l'interprétation juive et chrétienne*. 456 pages. 1988.

Bd. 77   HELMUT UTZSCHNEIDER: *Das Heiligtum und das Gesetz*. Studien zur Bedeutung der sinaitischen Heiligtumstexte (Ez 25–40; Lev 8–9). XIV–326 Seiten. 1988.

Bd. 78   BERNARD GOSSE: *Isaie 13,1–14,23*. Dans la tradition littéraire du livre d'Isaïe et dans la tradition des oracles contre les nations. 308 pages. 1988.

Bd. 79   INKE W. SCHUMACHER: *Der Gott Sopdu – Der Herr der Fremdländer*. XVI–364 Seiten. 6 Abbildungen. 1988.

Bd. 80   HELLMUT BRUNNER: *Das hörende Herz*. Kleine Schriften zur Religions- und Geistesgeschichte Ägyptens. Herausgegeben von Wolfgang Röllig. 449 Seiten. 1988.

Bd. 81   WALTER BEYERLIN: *Bleilot, Brecheisen oder was sonst?* Revision einer Amos-Vision. 68 Seiten. 1988.

Bd. 82   MANFRED HUTTER: *Behexung, Entsühnung und Heilung*. Das Ritual der Tunnawiya für ein Königspaar aus mittelhethitischer Zeit (KBo XXI 1 – KUB IX 34 – KBo XXI 6). 186 Seiten. 1988.

Bd. 83   RAPHAEL GIVEON: *Scarabs from recent Excavations in Israel*. 134 Seiten, 12 Seiten Abbildungen. 1988.